相約嶺南

THE TEN MAJOR NAME CARDS OF
LINGNAN CULTURE

CONTENTS

As a representative masterpiece architecture artwork of Lingnan through the ages, the Chens' Ancestral Temple is a Qing structure kept almost intact at Xiguan. "The entire Chen's Ancestral Temple integrates poetry, painting, music, And culture, while surviving the previous ages and leaving a good name to posterity."

陳家祠是西關保存最完好的
清代建築珍品，集嶺南歷代
建築藝術之大成的典型代表
。整個陳家祠是詩、畫、
樂、文彙集之所，你無法一
一讀懂。它們在日月星辰
下，萬古流芳。

陳家祠

陳家祠大門

陳家祠是每個到廣州旅遊的人必去之處。早在一九九六年，由廣州市民投票選出的「廣州十大旅遊美景」，陳家祠的芳名就已經榮登榜首。二〇〇二年，陳家祠以「古祠留芳」入選為新世紀羊城八景。只要你親身到陳家祠看看，便知道她絕非浪得虛名。

陳姓是廣東第一大姓，自古有「廣東陳，天下李」之說。一八八八年，廣東的陳氏族人合資購買了廣州西門外連元街、簡墩、石龍塘、龍頭崗腳、福水塘、恩龍裡口等合計三點六萬平方米面積的土地，用來興建「陳氏書院」。他們的本意是要建全省七十二縣陳姓族人的合族宗祠，但由於朝廷不允許，只能以書院名義建。所以，廣州人還是習慣叫它陳家祠，很少叫它陳氏書院的。

陳家祠的選址，可以看出其族人用心良苦。按照
中國傳統的風水學要求，陽宅應選擇地勢寬平，
局面闊大的地方，枕山襟水，或左山右水，方為
上乘之選。官衙通常是坐北朝正南，而民宅就要
略為偏向，否則煞氣太重，承受不了。陳家祠完
全符合這一要求。它的坐向，略朝西南，前方是
西關平原，視野開闊，左邊是龜崗聳立，右邊是
上西關湧的一溪碧水。簡墩以前還有一個名字叫
「簡溪」；而荔灣路西側，現
在還有荔溪東約大街等路
名，可見昔日都是溪水
縱橫之地。如果把距離

栩栩如生的灰塑

再拉開一點，則左邊是越秀山，右邊是增埗河，同樣可採天地靈氣。

陳家祠是廣東地區最大的宗祠建築，占地面積現只餘一點三二萬平方米。一八九二年，陳家祠剛修了一半，廣東就出了個陳伯陶，壬辰科殿試高中第一甲第三名（探花），賜進士及第，令陳氏族人歡欣鼓舞，認為是祖宗顯靈了。

俯瞰陳家祠

陳家祠落成後，由於經費不足，無力延聘教師，
立膏火、置書籍的計劃，遂成了「畫餅」。但要
到省城參加科考的陳氏族人，還是可以在陳家祠
落腳的。當時從外地到陳家祠，有三條最方便的
路線，都是水路交通：

其一，從輪船渡頭起，過沙面，入澳口南岸、荔
枝灣，直泊書院。其二，自沙面起，入西砲臺、
柳波湧、彭園、觀音橋登岸，入五福裡，入連元
通津到書院。其三，從輪船渡頭起，入興隆街、
十八甫、十六甫、十五甫、觀音橋、五福大街、
連元通津到書院。

輪船渡頭即今天西堤碼頭。雖然這些都是清代的地名，但今天大多還在，不難找到，只是它們已不再是水路了，而變成陸路了。

陳家祠的設計者和施工總管是一位叫黎巨川的廣東人，建築工程由黎氏瑞昌店承接。整座宗祠分前、後、東、西四院，採用抬梁式建築結構，硬山式封火山牆。總體採用「三進三路九堂兩廂杪」佈局，以六院八廊互相穿插。布局嚴謹對稱，空間寬敞，主次分明。外圍有青磚圍牆，形成一座外封閉內開放的建築群體，是典型的南方宗祠式建築。

早在一九二〇年代，陳家祠就被國際學者列為世界代表性建築之一。它的木雕、石雕、磚雕、陶塑、灰塑、壁畫和銅鐵鑄，無不巧奪天工，與雄偉的建築混成一體，不愧為嶺南民間工藝的經典之作，當年郭沫若賦詩盛讚：「天工人可代，人工天不如；果然造世界，勝讀十年書。」

廊廡

精美絕倫的木雕

一九五九年，陳家祠被譽為廣東民間工藝博物館，而它本身就是一件最精美絕倫的民間工藝品。光是那二十扇門檔上的木雕，就足以留住遊人的腳步，令目光久久不能移開。東廳的「長阪坡救阿斗」、「赤壁之戰」、「三顧茅廬」、「三英戰呂布」等，中間的「太白退番書」、「郭子儀上壽」、「薛仁貴東征」等，西廳的「拳打鎮關西」、「血濺鴛鴦樓」、「三打祝家莊」等，其造型生動傳神，雕刻精緻入微，層次

分明，花鳥栩栩如生，可說是廣派木雕的代表之作，非鬼斧神工不能為。

廣州木雕的特點是造型誇張、布局洗練、氣勢恢弘、刀法利索，有十分強烈的雕刻感。刻戲曲人物的臉譜，多用旋刀在眼圈外刻上簡單的一兩刀，其喜怒哀樂的神情，便躍然而出，近距離觀看，藝術效果尤為鮮明。

華麗的灰塑

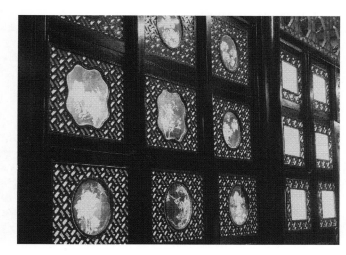

具有嶺南特色
的滿洲窗

灰塑是嶺南地區特有的一種建築裝飾藝術，陳家
祠的灰塑更是一大亮點。灰塑是以石灰、稻草、
草紙、紅糖、糯米粉為材料，經過浸泡、發酵、
攪拌、錘煉，捏塑出各種形象，再繪上鮮豔的色
彩而成。灰塑都是現場施工，民間藝人全憑自己
的經驗與藝術眼光，根據現場的建築空間和裝飾
部位，直接在建築物上設計造型，直接捏塑。哪
裡應該有山川、水洞等景物穿透牆體，哪裡應該
有動物、花卉、人物，每組圖案既要各具特色，
又要和諧銜接；既要實用，又要美觀。廣東地區
雨季長、颱風多，藝人便巧妙地在景物之間，留
出一些裝飾性的通風孔，緩解大風的衝力。凡此

種種細節，都要求藝人在一開始就從全局的角度，一一考慮周到。

陳家祠的灰塑原有一七八〇米長，分布在屋頂正脊、垂脊、廊門、連廊、屋簷、山牆、墀頭、窗簷和內外牆壁上，包括各種吉祥動物、人物、花草。造型靈活多變，顏色大紅大綠，五彩斑斕。題材十分廣泛，有「羊城八景」、「竹林七賢」、「三國演義」等，也有蝙蝠、獅子、花草、樹木、房屋、山水等。

從這些灰塑作品可以看出嶺南民間藝人的豐富想像力與創造力，就以蝙蝠為例，蝙蝠因與「福」字諧音，成為中國民間的一種吉祥動物。蝙蝠和銅錢一起，取「福在眼前」之意；蝙蝠和桃、魚一起，取「福壽有餘」之意；蝙蝠在雲中飛舞，取「福運」之意；兩隻蝙蝠取「雙福」之意；蝙蝠與綬帶鳥在天空飛翔，取「添福添壽」之意；蝙蝠與鷺一起，取「一路福星」之意。但嶺南的

灰塑藝人還從蝙蝠衍生出鷹嘴蝙蝠、翹尾蝙蝠、
雞腳蝙蝠等千奇百怪的形象,甚至還有長龍角的
蝙蝠,令人嘖嘖稱奇。

「文革」期間,陳家祠遭到嚴重破壞。兩家工廠
占用了陳家祠的主體建築、西院和後院,增設了
一千多平方米的建築物;走廊加蓋;室內加層;
封閉廊廡;挖地築台安裝機器,造成地面階磚全
部損壞;在牆壁上開鑿窗口;亂挖防空洞,造成
地基下沉,牆壁破裂、傾斜,石柱、石樑斷裂。
陶塑瓦脊也有不同程度的鬆脫,一七八〇米長的

灰塑有七處倒塌，色彩全部掉光；正門東西牆面
各有三幅大型磚雕，其中兩幅的人物全毀，其餘
也破損不堪。種種受損情況，怵目驚心。

一九八三年，陳家祠耗資一四〇萬元進行復原維
修後，重新對外開放；一九八八年，陳家祠被列
為全國重點文物保護單位。一九九七年十二月三

十日，工廠把全部占用土地交還陳家祠。從此，
廣州開始把陳家祠作為一張「文化名片」來經
營。

一九九四年五月，廣東民間工藝館更名為廣東民
間工藝博物館，以蒐集、保藏、研究和宣傳展覽
廣東地區歷代各類民間工藝品為主，兼及全國各
地民間工藝品。館內辟有多個展廳，常年展出陶
瓷、雕刻、刺繡等工藝精品。其他工藝品種類還
有廣州琺瑯、金銀工藝、套色蝕花玻璃，佛山燈
色、剪紙、木刻、門面，潮州面塑、麥稈貼畫，
陽江、潮汕、佛山地區的漆器，以及少數民族地

區工藝等。還設有近代家具、書畫、文房四寶、茶藝等展廳、專室。為了提升陳家祠的知名度，地鐵一號線原定的中山七路站，也改稱陳家祠站，使陳家祠的名氣得以大大提高。

一九九九年，陳家祠東面興建陳家祠綠化廣場。整個廣場由前廣場、下沉式廣場及小遊園三大部分組成，總面積二點一五萬平方米，覆蓋著小葉榕、高山榕、大王椰子、刺桐等植物，一片蔥綠。二〇〇一年，陳家祠的遊客首次突破五十萬

人物灰塑

大關。新世紀羊城八景出爐後，報章進行了鋪天蓋地的宣傳，陳家祠更是紅透了半邊天。二〇〇二年的參觀人數達到九十點六六萬人次，成為廣州文博最多遊客的景點。

陳家祠是西關保存最完好的清代建築珍品。當遊客站在聚賢堂前，彷彿置身於歷史與現實的交叉點上，流逝的歲月不再是傳說，廣東先人所演繹的那一幕幕感人肺腑的故事，伴隨著敲金擊玉的樂韻、繽紛奪目的色彩，從時空深處浮現出來，在遊客內心產生共鳴，引起震撼。驀然，這座城市的悠久歷史與眼下這個偶然過客之間，出現了一種扣人心弦的感應。作家洪三泰寫道：「整個陳家祠是詩、畫、樂、文彙集之所，你無法一一讀懂。它們在日月星辰下，萬古流芳。」我們讀千年古城，何嘗不是讀著一首精美絕倫的古詩？何嘗不是聆聽一曲動人的琴聲鐘韻？

（葉曙明）

The Nanyue King Mausoleum, the Palace of Nanyue Kingdom, the Waterlocks of the Western Han Dynasty can be rated as the three most important ancient ruins of the Nanyue Kingdom.

南越國遺址

南越王墓、南越國宮署、西漢水關，堪稱南越國最重要的三大遺址。

那是一個金戈鐵馬唱大風的年代。西元前二一四年，五十萬秦軍平定嶺南，秦始皇在嶺南置桂林、南海、象三郡。西元前二〇四年，秦軍將領趙佗正式建立南越國，築越王城，作為南越國的都城。西元前一一一年，漢武帝興兵南征，攻入越王城，南越國滅。為了把南越國的衣冠文物掃蕩乾淨，漢軍曾四處縱火，城郭盡成焦土，宮室傾覆，人民逃散，南越國從此成為一個歷史的名詞。

在南越王墓出土的舞玉人

風露浩然，山河影轉，從南越國到今天，兩千多年過去了。

一九八三年六月九日，廣州出了一件大事。在解放北路的象崗，考古人員發現了兩千多年前的南越王墓。南越國前後凡五世九十三年，一世趙佗，二世趙胡，三世嬰齊，四世趙興，五世趙建德。眼前這座寶藏，究竟是哪位越王的墓呢？

當第一位考古人員小心翼翼地進入墓室以後，由於四周漆黑，他看不見整個墓室，但手電筒的光線所及，到處都是銅鐘、銅壺、銅鈁、銅鼎、陶器……一件件奇珍異寶，閃爍著暗綠色的寶光，恍如雲霞繚繞，令人不敢逼視。他不禁感到呼吸困難，目瞪口呆，忍不住低聲驚呼：「我的天！」

一個兩千多年前的輝煌寶藏，得以重見天日。雖然不是趙佗的墓，而是他的繼位者趙胡的墓，但

19

絲毫沒有降低它的歷史價值。尤為可貴的是，這座墓在兩千多年的歲月裡，從未被盜挖過。

發現古墓的消息，就像一道地震的震波，從南向北迅速傳遞，驚動了廣州市文物管理委員會、廣州市政府、廣東省政府、國家文物局，乃至國務院。六月二十四日，國務院批示同意了發掘廣州象崗大型漢墓的請求報告。廣州市隨即成立發掘越王墓領導小組。

南越王墓的格局屬於前朝後寢，墓坑採用豎穴與挖洞相結合的方法構築，整個平面呈「士」字形。墓室南北長十點八五米，東西寬十二點五米，面積有一百平方米左右，分為前後兩部分共七室。前部有前室、東耳室、西耳室；後部有主棺室、東側室、西側室和後藏室。

前室是墓主趙胡的廳堂，四壁和天花繪有紅黑相間的雲紋圖案，寓意靈魂升天。東耳室是放置宴

南越國銅提筒上的船紋，可以看到古越族「羽人」戰士的形象

樂用器的地方，有不少青銅樂器、甬鐘、鈕鐘、勾鑃和漢石編磬等等。西耳室是儲放各種器皿、藥品和珍玩，包括青銅禮器、金銀飾件、玉石珍玩、甲冑弓箭、車馬飾件等等。主棺室是安放趙胡棺槨的寢宮。東側室是四位妃妾的葬所。西側室是殉葬僕役之所。後藏室是儲藏食物、放置炊具的庫房。

南越王墓是迄今嶺南地區發現規模最大、隨葬品最豐富的彩繪石室漢墓。在墓裡共發現了十五個殉人，一○四三四件珍貴文物，品類繁多，從絲縷玉衣、帝王金印，到陶璧玉器，從銅鐘石磬，到鍋碗瓢勺、漆器、絲織物、象牙骨器等等。按材質可分為銅、鐵、金、銀、鉛、陶、玉、玻璃

六山紋銅鏡

等二十多種；按功能則可分為禮樂、兵器、飲食、服飾等不同的門類。其中不少是我國考古首次發現的稀世珍寶。它們分別帶有鮮明的中原文化、楚文化、巴蜀文化、北方匈奴文化、海外文化和嶺南文化等多種文化的印記，顯示出嶺南文化兼收並蓄的特點。

廣州市政府決定把古墓周圍一點四萬平方米的土地劃出來，改建博物館。一九八八年二月，一座體型渾厚、沉著、莊重、雄勁的建築，面朝東方，崛起於象崗之上。這就是西漢南越王墓博物館。

西漢南越王墓博物館依山而築，占地一四六四七平方米，建築面積一七四五八平方米。正門氣勢

雄偉，共用了一千多塊紅砂岩砌築成高大的石牆。左右暗紅的石牆上，是兩幅巨型浮雕，兩個身高八米的男女越人，頭頂日月、赤足踏蛇，凜然有如守護神。兩側分踞著一對躍然欲動的大石虎。雕刻原型分別選自墓中出土的屏風構件、玉璧與錯金銘文虎節的圖樣，透過它傳譯兩千多年前的歷史文化。

漢式「蕃禺」銅鼎

博物館的整體布局，以南越王墓為中心，結合山坡地形，依山而建，把綜合陳列樓、古墓保護區和南越王墓出土文物陳列樓三個不同序列的空間，連續成上下溝通、層層上升的一個整體。博物館落成之日，輿論一片喝采，被譽為「二十世紀世界建築精品」。

一九九六年，南越王墓被列為全國重點文物保護單位。

一九九五年夏天，在廣州忠佑大街的一處建築工

 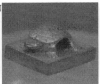

地上，工人從距地表深五到八米處，挖出了四個「萬歲」瓦當。經過勘探發掘，在距地表深約四點五米處清理出一座大型石構水池的西南一角。水池呈仰斗狀，池壁用灰白色的砂岩石板呈密縫冰裂紋鋪砌。池底平正，用碎石鋪砌。

在已發掘區域的東北角處，還有一大型的疊石柱向西南傾倒。水池當中還散落有大量的八棱石柱、石欄杆、石門楣、「萬歲」瓦當和板瓦、筒瓦等建築材料和構件。很顯然，這裡曾經存在一個規模宏大、棟宇連雲的宮署園林建築群。

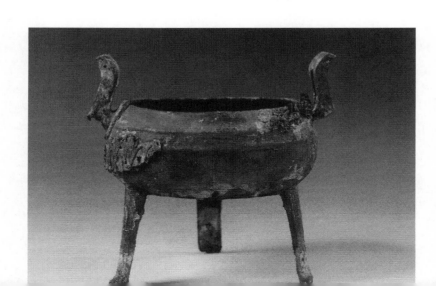

銅鑄朱雀

據鑽探發現，整個水池約四〇〇〇平方米，目前
發掘出的僅是其西南約四百平方米的一角。清理
完水池南壁的一塊石板，發現上面刻鑿有一個斗
大的「蕃」字，令所有考古人員興奮不已。廣州
古稱蕃禺，「蕃」是「蕃禺」的簡稱。

二〇〇五年，在石水池西南約三十米處發現一口
南越國時期的滲水磚井，井內出土有一百多枚木
簡，其中有一枚木簡上墨書有「蕃池」兩字，以
此推測，這個石構水池的名字，很可能就叫「蕃
池」。除此之外，在水池的池壁石板面上還刻鑿
有「皖」、「閔」、「冶」、「□北諸郎」等石
刻文字。

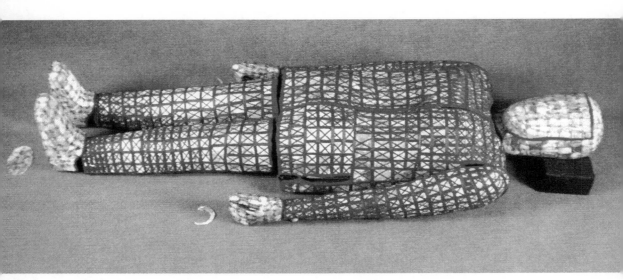

絲縷玉衣

考古學家推測，宮苑內的大水池可能是南越王趙佗學秦始皇蓬萊三山求仙的地方。南越國出過不少「長生不老藥」，當時從秦始皇到漢武帝，這股迷信風颳得很猛，做了皇帝又想升仙。

不過，最讓人驚嘆的，還是那些石頭竟然全是以密縫冰裂紋砌的。這種砌牆工藝以前只見於古希臘的建築，砌起來十分複雜，但在中國是首次發現。中國古代建築是以木結構為主的，為什麼南越王時代竟會出現古希臘的建築風格與工藝？這又是一個不解之謎。

一九九七年，在發掘區的東南面發現一條長約一五〇米的曲流石渠遺跡。這是南越國王宮御苑的園林人工水景，設計獨特，構築精巧。利用渠身寬窄和水位深淺，控制水的流速，從而營造水聲喧嘩與碧波蕩漾的效果。曲渠的東端有一個彎月形小水池，池中飼養了幾百隻龜鱉，古人把龜、龍、麟、鳳奉為四靈，這些龜鱉自然亦被趙佗視為神物，用於觀賞與卜筮。

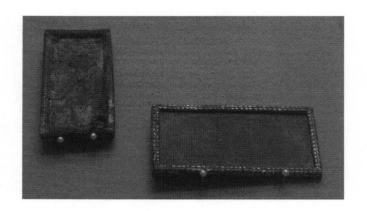

除了供人遊玩觀賞之外，曲渠還有一個功能，就是給趙佗君臣做「曲水流觴」的遊戲。這是中國古代很盛行的一種文人遊戲。夏曆三月，人們舉行祓禊儀式之後，便坐在河渠兩旁，在上流放置酒杯，酒杯順流而下，停在誰的面前，誰就取杯飲酒作詩。趙佗身為君主，不能輕易出宮與平民百姓同樂，便在宮中修建曲渠，為流杯曲水之飲。

二○○六年，在南越國宮署遺址的北面，發現了南越王宮的夯土城牆，呈東西走向，用紅黃土夯築而成，基坑寬約四米，殘存最高達一米多。這些遺跡的發現，證明南越國與漢長安城一樣，在都城內還築有王城，以保護宮苑的安全。

整個南越國宮署遺址面積共十五萬平方米，有
「東方龐貝古城」之稱。規模之大，讓人歎為觀
止。

二〇〇〇年夏季，人們在西湖路興建光明廣場
時，又發現了一座西漢水關遺址。所謂水關，就
是穿過城牆以通城內外水的閘門。因此，考古學
家認為水關上極可能有一座古城門，即南越國的
城牆，城門南臨珠江。如果這個推測正確，那
麼，這將是首次找到的南越國城牆遺跡。同時發
現的還有東漢建築基礎、東漢和南朝水井、唐代
房基、宋代房址和走道等遺跡。

玉碗

31

玉珮

水閘遺址高五米，從北往南分「引水渠」、「閘室」、「出水渠」三部分，是一座由大批排列有序、縱橫交錯的「八」字形大型木結構建築而成。既可洩洪，又能防潮。

古代的廣州經常受到來自白雲山、越秀山的洪水威脅。到了海潮上漲期，咸潮又會把珠江水托起，大舉倒灌進城，特別是秋天的颱風季節，咸潮更是逞兇肆虐。

水關是保護城市的重要水利設施，洪水來時，可以把閘門打開，洩洪出珠江；而當咸潮來時，放下閘門，可以阻擋潮水入城。據專家說，這個兩千多年前興建的水關，甚至符合二〇〇一年頒佈的中華人民共和國行業標準《水閘設計規範》，南越國人往往會創造一些驚人奇蹟，讓人覺得匪夷所思。

為了保護這個水關遺址，光明大廈設計了一個近

七百平方米的中庭。遺址位於負一層，而首層加
蓋鋼化玻璃罩，恆溫、恆濕保護，乘客可乘觀光
電梯或手扶電梯，從首層到九層都可觀賞到水關
遺址，從而使光明廣場成為全國第一個「室內公
共開放式文物」展示場地。

南越王墓、南越國宮署、西漢水關，堪稱南越國
最重要的三大遺址，把兩千多年前廣州古城的雄
偉風貌，呈現於我們面前，誰還能說嶺南是蠻荒
之地？

（葉曙明）

透雕龍鳳紋重環玉珮

No.1 South China Sea Ship is the largest wooden ship of the Song dynasty ever found so far on the sea bottom. The shipwrecks offer the most typical model for studies of the workmanship of ancient China in ship building, the navigation techniques of the time as well as the scientific laws for long storage of wooden relics. The findings of the studies may be hard-to-get supplementary information for the history of the Silk Road on Seas and that of China's pottery and porcelain.

南海1號

「南海1號」是一艘南宋時期的木質古沉船，是目前發現的最大的宋代船隻。它將為復原海上絲綢之路的歷史、陶瓷史提供極為難得的資料。

嶺南文明的興起，始於商業。早在秦朝以前，番禺（廣州）的商貿活動就十分活躍，海內外商賈咸集，是一個繁華熱鬧的商品集散地。《史記》是這樣描寫廣州的：「番禺亦其一都會也，珠璣、犀、玳瑁、果布之湊。」後來《漢書》在此之上又補了一句點睛之筆：「中國往商賈者多取富焉。」原來，在秦、漢時代，就有「東南西北中，發財到廣東」這麼一說了。

鎏金腰帶

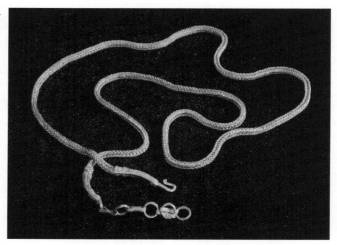

二〇〇二年打撈出水的各種瓷器

有專家考證，文中所提及的「果布」，並非蔬果布匹，而是「果布婆律」之意，即馬來語中的「龍腦香」，這為當時嶺南與東南亞的貿易往來，提供了佐證。在南越王墓中出土了五隻非洲大象牙、兩河流域的焊珠金花泡、波斯的蒜瓣紋銀盒、紅海的乳香、面容如南洋人的「胡俑」，更清楚地證明了當時嶺南人與海外已經有密切的來往。

史學家呂思勉先生認為：「《史記・貨殖列傳》言番禺珠璣、犀、玳瑁、果布之湊，此語必非言漢時，可見陸梁之地未開，蠻夷賈船，已有來至

二〇〇二年打撈出水的碗清晰可見當年製造者的名字

交、廣者矣。」從目前考古的種種發現，可以肯定，這一判斷是完全正確的。

漢武帝在西元前一三九年，曾派張騫率領一百多人的龐大使團，帶著大批雜繒（絲綢）和黃金出使西域，開闢著名的陸上絲綢之路。當張騫到達大夏（今土庫曼斯坦的阿姆河上游地區），驚奇地發現中國的絲綢、竹杖和枸醬（四川釀的一種酒）正在當地熱銷，他問商人，這些貨物是從哪裡來的，商人告訴他，是從身毒（印度）來的。

後來，漢武帝發軍征討閩越，派番陽令唐蒙到南越國談判，順便打探南越國的經濟情況與對外聯

絡的通道。唐蒙經過深入調查，得知大夏的中國
貨是從四川通過牂牁江，經廣西的西江運入廣東
出海銷往印度的。由此可以推測，海上絲路的開
闢時間，甚至比陸上絲路還要早。

嶺南人真是天生的奇蹟製造者，當張騫還在「蒸
沙爍石然虜雲，沸浪炎波煎漢月」的大漠艱難前
進時，他們的輕舟已過萬重山。

漢武帝平定南越國以後，隨即派出龐大的官方貿
易船隊，攜帶黃金、雜繒（絲綢）等商品，揚帆

掛席，逐浪隨波，沿著南越國已經開闢的海上絲路航線，前往黃支國（印度東岸建志補羅）。

唐代以後，陸上絲路漸漸衰落，海上絲路便益發顯得重要。宋代海上絲路的起點和終點都在廣州，到廣州做生意的大食（阿拉伯）人和波斯人，跨越茫茫大海，乘風破浪而來。常年僑居廣州的蕃商，多達十二萬到二十萬人。一○七年，廣州、明州、杭州三州市舶貿易總收入超過二○○萬貫，是歷史上收入最高額的三倍有餘，

見證出水一刻

其中百分之九十八以上來自廣州。

今大德路與海珠中路交界之處，宋代稱為西澳，是頗具規模的外貿碼頭，中外商船在這裡把犀角、象牙、翠羽、玳瑁、龍腦、沉香、丁香、乳香、白荳蔻等卸下船，把各種精美瓷器、絲織品、漆器、糖、酒、茶、米裝上船。每天裝船、卸貨、泊岸、離岸，穿梭往來，忙碌不停。

廣東人每年九、十月間，便乘著東北季風，泛海南下，到東南亞各國經商，來年三、四月間再隨著東南季風「回唐山」。六、七月間，商船大部分都抵港，十月即將出海之時，官府都會在海山樓設宴款待中外客商。海山樓在今北京路東橫街

裝有「南海1號」的沉箱慢慢移進水晶宮

41

「南海1號」進入了陽江美麗的「十里銀灘」為它新建的水晶宮

附近，詩人陳去非曾形容海山樓：「百尺闌干橫海立，一生襟抱與天開。」能夠成為海山樓座上客的，上自「蕃漢綱首」，下至「作頭梢工」，不分身分貴賤，不論華夷國籍，一律以美酒餚饌招待。據說，官府每年花在海山樓的酒席費用，多達二三百貫錢。

一〇八〇年，大宋朝廷改革外貿制度，規定中國所有商船前往「南蕃諸國」，只能從廣州出發，也只能回航廣州。也就是說，除了對日本、高麗的貿易，由杭州、明州市舶司管理外，其他幾十個國家、地區的貿易，一律由廣州市舶司掌管。儘管這一規定殊不合理，實施幾年後就廢止了，卻可以看出廣州海外貿易的重要地位。

據《夢粱錄》一書記載，當時的海船，大的可以載五千料，乘五六百人；中船也有二千料至一千料，可乘二三百人。一料等於一石，五千料船即三百噸船。而《萍洲可談》一書則說，當時的遠洋大船，「船舶深闊各數十丈，商人分占貯貨，人得數尺許，以下貯貨，夜臥其上。貨多陶器，大小相套，無少隙地」。

一九八七年，人們在廣東陽江市東平港以南約二十海里處，發現了一艘南宋時期的木質古沉船，埋在海底一米深的淤泥裡。這艘後來被命名為「南海1號」的沉船，證明古人所說，並非天方夜譚。

「南海1號」長三十點四米、寬九點八米，船身

觀眾現場觀看「南海1號」試發掘

（不算桅杆）高約四米，排水量估計可達六〇〇噸，載重可能近八〇〇噸，是目前發現最大的宋代船隻。專家根據船頭方位推測，這艘古船是從廣東駛出，赴新加坡、印度等東南亞地區或中東地區進行貿易。

儘管在海底沉睡了八百多年，但這艘古船的船體保存得相當完好，船體木質仍堅硬如新。這為我國古代造船工藝、航海技術研究以及木質文物長久保存的研究，提供了最重要的標本。

從二〇〇七年開始，考古人員對「南海1號」展開整體打撈工作。在此之前，已進行了小規模試撈，起出了金、銀、銅、鐵、瓷類文物四千餘件，多數都是難得一見的稀世珍寶。其中以瓷器

為主，包括福建德化窯、磁灶窯、景德鎮窯系及龍泉窯系的高質量精品，大多數完好無損，可以定為國家一、二級文物。根據探測估計，整船文物超過八萬件。在拍賣市場，曾經有與這些瓷器年代、工藝相當的一個瓷碗，在美國拍出了數十萬美元的天價，而這裡卻整船呈現在世人面前。

宋代對進出口商品，哪些可以經營，哪些禁止經營，都有規定。各色絲織品、精粗陶瓷器、漆器、酒、糖、茶、米等日用品是允許出口的；有些商品是時禁時弛，或禁而不嚴，如金銀、銅器和銅錢等。南宋孝宗淳熙年間（1174–1189），在廣州當官的鄭人傑被朝廷降官三級，原因就是他在任時「透漏銅錢、銀寶過界」。

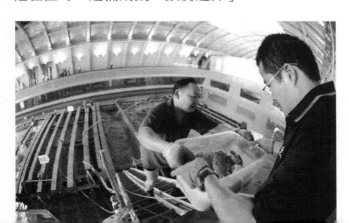

水晶宮雄姿

照此看來，南宋對金銀、銅錢的出口，是懸為厲禁的，但我們在「南海1號」上，卻發現了上萬枚銅錢，年代最老的是漢代的五銖錢，年代最晚的是宋高宗主政期的紹興元寶；還有金手鐲、金腰帶、金戒指等黃金首飾，雖然被海水浸泡了近千年，但卻依然燦燦發亮；還有銅環、銅珠、鐵鍋、鐵釘等金屬製品。這也印證了「時禁時弛」的說法。

廣東海上絲綢之路博物館

「南海1號」沉船的位置，正好是在
海上絲路的航線上，它將為重現海上
絲綢之路的歷史、陶瓷史提供極為難
得的實物資料。它是目前國內發現的
第一個沉船遺址，也是迄今發現的世
界海上考古文物中，實體最大、年代
最早、文物最多、內涵最豐富的宋代
沉船，被譽為「海上敦煌」。

廣東省政府在陽江「十里銀灘」上，
興建了一座占地十三萬平方米的「廣
東海上絲綢之路博物館」。博物館的
主展廳是一個巨大的玻璃缸，用來放
置「南海1號」，其水質、溫度及其
他環境都與沉船所在的海底情況完全
一樣，人們都把它叫做「水晶宮」。

二〇〇七年十二月二十二日，在半潛
駁船排出近六〇〇〇噸海水後，「南

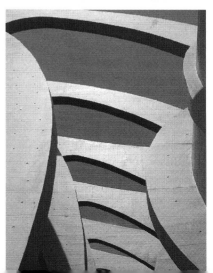

文物展覽大廳

海1號」沉箱被一個面積約五四〇平方米的托盤托起，完全浮出水面。在對沉箱進行進一步加固後，半潛駁船在拖輪的帶動下，將「南海1號」沉箱運往「水晶宮」。據專家說，「南海1號」整體打撈方案是世界首創的，在打撈過程中運用了許多自主創新的新技術、新科技。

當參觀者走進博物館，透過「水晶宮」的透明牆壁，不僅可以欣賞古船，還可以看見考古人員在水下進行發掘打撈文物示範表演。

嶺南文化之所以有強勁和活躍的生命力，不僅得
益於與中原文化、吳越文化、巴蜀文化、湘楚文
化的不斷雜交，也得益於浩瀚南海，兩千多年不
曾中斷的海上絲綢之路，使嶺南與世界保持著密
切的文化、經貿交往。海洋對於廣東來説，不僅
是生財之道，而且是文化之源，生命之源。

廣東之所以在遠離中國政治、文化中心的邊遠地
區，仍可巍然獨存，而且發展成繁榮富庶之區，
在近代史上，成為引領中國前進的航標所在，完
全因為廣東是通向南海的南大門所致。

（葉曙明）

The typical Hakka people's enclosure house is of the architectural style on the Central Plain. Among specialists at home and abroad, the house also showcases symbolically local Hakkas' ethnic culture and history.

客家圍龍屋

圍龍屋是一種富有中原特色
的典型客家民居建築，從建
築風格到民風民俗處處展示
了客家的人文歷史，是客家
文化的重要象徵。

一說起客家建築，我們便會不期然地想起「客家圍龍屋」。

當安史之亂、殘唐五代之際，北方常年戰亂，田園寥落，十室九空。中原難民像潮水般湧來，梅關道上，應接不暇。當他們扶老攜幼、杖履相

倚山而築的圍龍屋

隨，翻越大庾嶺時，真是一步一回頭，一回頭一
斷腸。

老百姓是戀土重遷的。客家先民從西晉末年開始
向南遷移避亂，最初到了湖北、湖南等地，就不
想再走了。後來唐末五代十國，戰火燒往長江以
南，人民被迫繼續南遷至江西、福建等地，又停
下來不想再走了。

福建寧化縣石壁村一向被客家人視為聖地。寧化
地處閩贛交界，西北有高山環繞，形同屏障，保
護著這裡不受北方戰亂影響。唐宋年間來自八省
五十多個州縣的中原移民，大多先在這裡落腳，
然後再分散流向各地。這裡成為客家方言、客家
文化的搖籃。

宋末、南宋末，北方進入週期性的大動亂，天下
分崩離析。南宋遷都臨安後，大庾嶺成為入粵的
必經之路，粵西的水路幾被完全取代。當元軍鐵

圍龍屋大門

騎殺到時，大批中原士民從這條驛道擁入廣東，原居住在珠璣巷的移民後裔，也被難民潮裡挾著，淒淒惶惶，沿水路繼續南逃，骨肉流離於道路。有研究者估算，宋朝時直接由珠璣巷和附近五十八村遷出的人口，便有近十萬之多。

南宋以後陸續逃入嶺南的難民，不乏中原的右族名門、官紳士子，被迫滯留在粵北、粵東山區。他們之所以在深山老林裡定居，固然因為沿海肥沃之地，已被廣府人、福佬人所居住，同時也有逃避元軍搜捕追殺的原因。男人不敢外出，只能躲在家中哺兒育女，耕作、買賣之事反由女子代替，形成「男主內，女主外」的習俗，相沿至今。

當他們在窮崖絕谷中掙扎求存時，總是用一句話來激勵自己的子弟：「寧賣祖宗田，不丟祖宗言。」所謂祖宗言，就是客家人與中原文化之間的精神紐帶。許多客家人的門口，世世代代都貼著「河南世澤，渭水家聲」的對聯，反映出他們對自己的家學淵源，有一份強烈的自豪感。

廣東許多地方都有撿骨再葬的風俗。即把死者先用棺入葬，等肉身腐化以後，再開棺撿出骸骨洗淨，入埕安葬。改葬之俗，廣府地區最盛，客家地區次之，潮汕地區再次。有些地方，還會葬完再葬，「屢經起遷，遺骸殘蝕，僅餘數片，仍轉徙不已」。這種習俗，源於中原人背負先人遺骸，輾轉萬里，南遷入粵的經歷。

客家人聚居的地方，號稱「有村必有圍，無圍不
成村」。圍龍屋始於唐、宋，盛行於明、清，與
北京的「四合院」、陝西的「窰洞」、廣西的
「桿欄建築」、雲南的「一顆印」並稱中國五大
民居特色建築。

圍龍屋的面積一般在六〇〇〇平方米左右，大的
可上萬平方米。客家圍龍屋對「龍、局、水」三
要素十分講究。「龍」就是圍龍屋所倚靠的山必
須有脈——所謂來龍去脈，切忌孤峰一座，四無

客家鄉村

依傍；「局」是指局勢，以山南為陽，水北為陽，結穴之處，吐唇之地為佳；「水」則指屋前的水勢，以一泓清水，瀠洄如帶為佳。從圍龍屋望出去，要有捍門砂把住水口，山水兼具，陰陽平衡，宅基才能永固，人丁才能興旺。

圍龍屋與西北地區的「土圍子」有點相似，就是一個客家人的城堡。外牆非常厚實，四角有碉堡拱衛，牆體用當地黏質紅土為主，摻入石子和石灰，反覆搗碎拌勻，俗稱「熟土」。牆內再埋下以杉木枝條或竹片做成的「牆骨」，以增加其拉力。關鍵部位還要用石灰、黃泥、沙石為主料攪拌，摻入適量的糯米、紅糖，砌出來的牆，比水泥還堅固，甚至連鐵釘都很難打入。

據說，建好一座完整的圍龍屋，往往要費時五
年，甚至十年以上。粵北始興縣隘子鎮滿堂村的
圍龍屋遠近聞名，占地一點三五萬平方米，始建
於一八三六年，歷時二十四年才完工，號稱「嶺
南第一大圍」。內有九廳十二院，僅居室就有七
七七間，完全是一個獨立的社區。

圍內的基本結構通常是：前置禾坪，後設堂樓，
左右為橫屋。上輩住上堂，中輩住中堂、下堂
間，晚輩住橫屋，奴婢、長工住副槓間，尊卑有
序，井井有條。曬穀的禾坪（亦稱「地堂」），
可供族人聚會之用，甚至還有練武廳；禾坪旁邊
通常是池塘，用石灰、小石砌起石牆相隔，矮牆
叫「牆埂」，高牆叫「照牆」。池塘主要用來放
養魚蝦、澆灌菜地和蓄水防旱、防火。圍內舂
房、磨房、雞舍、豬圈、牛欄、柴房、穀倉、水
井等生活設施，一應俱全。如果遇上戰亂或匪
患，把大門一關，在裡面守上兩三個月不出來，
毫無問題。

圍龍屋的設計特點是以南北子午線為中軸，東西
兩邊對稱，前低後高，主次分明，坐落有序，以
屋前的池塘和正堂後的「圍龍」組合成一個整
體，裡面居住著幾十人，上百人，乃至幾百人。
軸線分明有顯示秩序與權威的作用，這是北方城
池的特點，南方人不太講究，但客家圍樓卻把這
個特點繼承了下來。

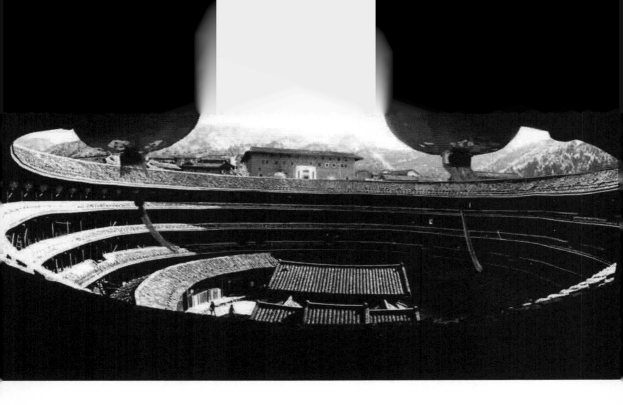

宗族祠堂是圍龍屋裡最重要的建築。依照儒家學說，生命的意義，在於前有所承，後有所續，盡人道則與天地萬物相通。所以中國人對一己生命的存留，並不看得特別嚴重，「生有時，死有日」，沒什麼大不了的。但對祭祀祖先與傳宗接代，則視為頭等大事，通過宗祠香火的傳承，永不絕祀，使有限的生命，達致無限的意義之境。

對於離鄉背井的人來說，祭祖先、拜鬼神，則更有一層緬懷先人開族之勞，創業之苦，以表飲水思源，慎終追遠之意，是對宗族血脈的傳承與興旺的一種期望。豐順縣的建橋圍村達到一點五萬

平方米，建於明朝一五九七年前後，內有三街十二巷，光祠堂就有九座。內裡結構嚴謹勻稱，精巧細密，簡直天衣無縫。

二〇一〇年十月，中國古村落保護與發展研討會在廣州花都舉行，公布了國內首部關於古村落保護、發展備忘錄，並正式授予梅縣水車鎮茶山村「中國古村落」稱號，這是廣東第一個「中國古村落」。

茶山村位於粵東群山環抱之中，完好地保留著三十一幢始建於明代至民國初年的客家民居，大部分是二層結構和二字兩橫、二字四橫、二字六橫和三字多橫（十廳九井）形式。其中包括有四百年歷史的紹德堂；三百年以上歷史的萼輝樓、創毅樓、伯榮樓；兩百年以上歷史的承慶樓、德崇樓、司馬第樓等；一百年歷史的萼英樓、振華樓等。

從前客家人生活環境十分艱苦，養成了一種團結、互助、堅忍、頑強、吃苦耐勞的性格，有血緣近親的住在一個圍龍屋裡，有利於家族宗族團結，互助合作，也起著防禦外敵的作用。

山區的艱苦生活，把客家人磨練得特別能吃苦，也特別注重讀書。南宋時的梅州知州方漸曾說：「梅人無植產，恃以為生者，讀書一事耳。」試想在夕陽照耀下的圍龍屋，一個衣衫襤褸的小男兒，騎在牛背上，邊走邊用清脆的童聲唱著「月光光，秀才郎；騎白馬，過蓮塘；蓄個鯉嬤八尺長，鯉嬤背上承燈盞，鯉嬤肚裡做學堂。做個學堂四四方，掌牛賴子讀文章」，我們能不被客家人對讀書的渴求深深感動嗎？山區的孩子，通過傳唱這些兒歌，從小就樹立了不讀書就不能成家立業的價值觀。

由於客家人重視文教，崇尚讀書，使得客家地區的人文長盛不衰，群賢輩出，引領風騷。自從清

代雍正時設嘉應州以後，每年應童
子科考試的客家子弟，都在萬人以
上。乾隆時廣東一連五科解元都是
嘉應州人，至今梅州仍是全國有名
的文化之鄉。在二十世紀的中國政
界、軍界、科教文界，更是誕生了
眾多的客家菁英，為中華文化寫下
了燦爛的篇章。

時至今日，人們一說起客家人，馬
上會聯想起刻苦、勤儉、堅忍、頑
強、守信，重孝悌、重名節、重文
教等性格特徵。他們是大山的兒
女，一代一代客家人辛勤耕耘的梯
田、茶山，是他們勤勞創業的象
徵；而圍龍屋則體現了客家人守望
相助的精神。

客家老屋

（葉曙明）

In general, Shiwan pottery can be seen as a condensed edition of a Chinese cultural encyclopedia with very high historical, scientific and artistic values.

石灣陶藝

石灣陶藝具有很高的歷史、科學、藝術價值，堪稱為一部濃縮的中國民俗文化百科全書。

話説佛山石灣公仔的出現是由來已久的，被稱為佛山歷史上光彩奪目的「五朵金花」之一，是珠江三角洲民間藝術的搖籃，《廣東通志》也有「石灣缸瓦甲天下」之諺。當代著名的陶藝大師莊稼説：「石灣陶器是一種具有民族氣派和地方特色的民間藝術。在中國製陶史上，有『官窯』和『民窯』兩大體系。石灣屬於後者。」

石灣鎮位於佛山市禪城區西部。一九七六年，廣東省博物館與佛山市博物館在石灣大帽崗東面的

河宕發掘一處商代貝丘遺址，出土一批有紋飾和光素的紅陶、白陶、黑皮陶器及大量硬陶印紋陶片。這些紋飾有繩紋、篦點紋、凸弦紋、曲折紋、雲雷紋、葉脈紋、圈點紋、編織紋等，紋飾規整、清晰，印痕較深，且印紋較大，是嶺南地區幾何印紋陶發達時期的典型遺址。這些陶片距今約五千年。

仿定白釉牡丹梅瓶

石灣陶藝最早可追溯到新石器時代，從石灣東漢墓出土的陶塑可見其雛形。一九六四年廣東省博物館和佛山市博物館在石灣東部的瀾石的東漢墓葬裡，出土了大批陶器，有壺、瓿、罐、缽、勺、穀倉、井、灶、豬、羊、牛、雞、鴨、舞蹈俑、奴隸俑等，反映了石灣製陶悠久歷史和高超的製陶技術水平。

有科學依據的石灣陶業產生的時期應為唐、宋時期，唐代石灣製陶手工業，已頗具規模。一九五七年和一九六二年的廣東省博物館分別在石灣大

白魚子紋釉蓮口五聯瓶

太白醉酒

帽崗下發現唐、宋窯址。上層為宋窯，出土的陶瓷器釉色有青、青黃、黑、醬黑、醬黃等；器形有碗、盤、盞、壺、罐、盒、埕、沙盆、獸頭陶塑和堆貼水波紋壇等；窯具有匣砵、擂盆、擂杵、渣餅、墊環、試片等。下層為唐窯，出土有青釉和醬黃釉的碗、盤、魂壇、爐等。

石灣陶業的大發展是在明、清時期。明代石灣窯遍地開花，本地陶泥、崗砂等原材料已無法滿足生產需要，要從東莞等地大量運進。許多山崗都被人挖到滿目瘡痍，「幾乎削膚見骨」，明、清兩代官府多次立碑禁挖，但利之所在，屢禁不止。

清代石灣窯進入了全盛時期，《簡明廣東史》一書記載：「石灣陶瓷以美觀、實用著稱，行銷兩廣及呂宋諸國。市場商品需求量不斷增大，刺激了石灣陶瓷生產迅速發展。在乾隆年間，分為海口大盆行、橫耳行、花盆行、白釉行等二十二

日月神（清）

行，成為綜合性的陶瓷生產基地。產品分為日用
陶瓷、美術陶瓷、園林陶瓷、手工業陶瓷、喪葬
用品五大類。品種繁多，約計千種以上。單以花
盆行而論，在乾隆年間就有三百餘種，生產規模
相當大。據記載：嘉慶二十三年（1818），石灣
有缸瓦窯四十餘處。由於陶窯多，所以『石灣六
七千戶，業陶者十居五六』。但這還不是全部的
從業陶工，還有農閒季節從高要、四會、東莞、
三水等地來石灣做工的季節陶工。」

而據《石灣陶業考》載，石灣陶業全盛時期，共有陶窰一○七座，容納工人六萬餘人。屈大均《廣東新語》載：「石灣之陶遍二廣，旁及海外之國。」足見當時石灣陶器的鼎盛局面。光緒《南海鄉土志》載，石灣窰「每年出口值銀一百餘萬元，行銷西、北江，欽廉一帶及外銷各埠」。而光緒年間的抄本《南海鄉土志》也有類似記載：「缸瓦窰，石灣為盛……年中貿易過百萬，為工業一大宗。」又載：「本境所產之物……所製之品以綢緞、罐瓦為大宗。」「缸瓦，由石灣運省……每年出口值銀一百餘萬元。」根據《南海鄉土志》的統計，石灣窰的陶瓷銷售量，在「本境所產之物」中，雄居首位。

石灣窰藝術陶塑題材十分廣泛，主要有仙佛道人物類、鳥獸魚蟲類、山公亭宇類、瓜果器物類、仿古器物與仿歷代名窰產品類、彩繪山水人物器皿與畫屏類、園林建築瓦脊裝飾類、喪葬祭器陶塑類。

其中人物類（俗稱「石灣公仔」）題材最為豐
富，取材於民間神話傳說或歷史故事，有觀音、
彌勒、達摩、羅漢、八仙、葛洪、陸羽、尼姑、
乞丐、鍾馗、仙女、老子、孔子、諸葛亮、關
公、張飛、李逵等，以古代人物居多；形態有飲
酒、彈琴、下棋、挖耳、搖扇、行走坐臥，姿態
各異，活靈活現，妙趣橫生。

鳥獸魚蟲類則多為獅、虎、象、猴、貓、狗、
牛、馬、雞、鵝、鴨、鷹、鶴、龍、魚等。山公
亭宇類是微型陶塑，用來點綴盆景石山。山公即

千手觀音

萬佛朝宗

石山公仔之意，大小約為三分、五分、一寸、二寸等，超過二寸的就不算是山公了。山公題材有對弈、飲酒、垂釣、讀書、彈琴、犁田、插秧、龍舟、騎驢、牧牛，以及房屋、牌坊、華表、亭、塔等建築物。規格雖小，但細緻入微，惟妙惟肖，歷來成為海內外人士爭相購藏的珍品。

瓜果器物類是用於陳設裝飾的。常有仙桃、佛手、柚子、香蕉、荔枝、枇杷、雜果、鼓墩、花盆、壁瓶、水注、筆筒等。石灣陶瓷也大量用於建築裝飾，包括各色琉璃瓦、色釉欄杆、華表、花窗、龍鳳陶塑、瓦脊群像等。佛山祖廟屋脊上

的群像，就是由陶瓷大師文如璧在一八九九年塑
造的，瓦脊長十七米，雕塑有一百多個人物、二
十多隻鳥獸、十幾座亭台樓閣，題材取自《進寶
圖》、《姜太公封神》和《郭子儀祝壽》等歷史
故事；脊頂正中是一個大「寶珠」，左右並列
鰲、鳳各一對。

正如陶藝大師莊稼所說，石灣藝人的這些作品，
「是表達人民稱頌豪俠正義，還有讚美自己勞動
果實的各種家畜、花果和蔬菜等等，思路開闊，
不拘一格，甚至對於那些早已被程式化和規範化

的神仙佛像和羅漢，也被換成有血有肉的新形象，各人都按照自己的生活感受去塑造自己心目中的形象」。

石灣公仔善於吸收各種文化藝術的精華，形神兼備，高度寫實與適度誇張相結合，生活性與藝術性兼而有之，地方風格鮮明獨特。

行家介紹石灣公仔分三行，有人稱之為「三絕」，即：瓦脊公仔（演變為目前創作者最多的桌面人物公仔）、動物碌胎毛技法、山公（微塑公仔）。雖然石灣公仔只是民間工藝品，隸屬民窯的產物，名氣比不上景德鎮官窯燒出來的瓷器，但是濃濃的嶺南地域特色，就是它的精髓之處。

昭君出塞

石灣公仔的第一特色是造型生動傳神，無論人物、動物或器皿，都致力於典型化的塑造，各種造型風格獨具匠心，較少雷同，達到「百物百形，千人千面」的藝術境界。第二特色為胎壁厚釉層厚，目前釉色達近百種，這些釉色為石灣公仔藝術增添了豐富的藝術美感。技法多樣性為石灣公仔的第三特色，分成型技法、造型技法、產品的施釉技術等多種不同層面的創作方法，這裡有傳統的繼承延續，而創新的部分為石灣公仔的發展注入了新的活力。

新中國成立後，石灣陶塑全面發展，首先老一輩陶瓷藝人如區干、劉傳等人以傳、幫、帶的方式培養了大批人才，加之上級文化部門選派了一批有美術專長的幹部到石灣，如高永堅、譚暢、莊稼、曾良等人，他們為拯救石灣陶瓷藝術，繼承遺產、搶救遺產，作出卓越的貢獻。

石灣陶藝家注重藝術理論的學習和創作經驗的總結，注重用理論和一定的藝術觀念來指導自己的藝術實踐。他們既進行現代陶藝探索，創作了大量具有現代審美趣味的作品，又堅持延續石灣傳統的製陶文化，創作出大量富有傳統地方特色的作品。

有人稱石灣公仔題材「堪稱為一部濃縮的中國民俗文化百科全書」。石灣公仔藝術經歷了千百年的沉澱，具有很高的歷史價值、科學價值和藝術價值，被譽為東方藝術明珠，在中國陶瓷藝術史上有著不可替代的作用。二〇〇六年，石灣公仔

技藝等六個項目入選第一批國家非物質文化遺產名錄，石灣公仔技藝等八個項目入選廣東省第一批非物質文化遺產名錄。此外，佛山石灣還獲得「中國陶瓷名鎮」、「陶藝文化之鄉」、「民族民間藝術之鄉」、「陶瓷名鎮」等眾多殊榮。

（史鑫　等）

The Cantonese embroidery refers to the embroidery of Guangzhou as the center, or that of Chaozhou as the major. are referred to as the four famous embroideries in China.

粵繡

粵繡，是以廣州市為中心的
廣繡和以潮州市為主的潮繡
的統稱，與蘇繡、蜀繡、湘
繡並稱為中國四大名繡。

潮繡

廣繡有文字可考的歷史，可以追溯到唐代。八〇五年，也就是唐永貞元年，廣州向皇宮進貢兩幅刺繡精品，一幅是《法華經》，另一幅是《飛仙蓋》，出自南海女子盧眉娘的巧手。

據蘇鶚《杜陽雜編》記載，盧眉娘「幼而慧悟，伶巧無比，能於一尺絹上繡《法華經》七卷，字之大少，不逾粟粒」，但「點畫分明，細於毫髮，其品題，章句無不具矣」。而《飛仙蓋》約闊一丈，「以絲一鉤分為三段，染成五色」，上面繡著十洲、三島、天人、玉女、台殿、麟鳳之像，而執幢、捧節童子亦不啻千數，但其重量卻

不足三兩。人物樓閣自然風物，皆生動傳神，構
圖雖繁密，卻絲縷清晰，轉折自如。

唐順宗對兩幅廣繡作品愛不釋手，立即召盧眉娘
入宮，封號為「神姑」。後來唐順宗死，唐憲宗
繼位，盧眉娘因不習慣宮中生活，請求南返。唐
憲宗無奈，只好把她放歸南海，仍賜號曰「逍
遙」。

廣繡分為兩大品類，一是盤金刺繡，二是絲絨刺
繡。前者以金線為主，構圖飽滿，金碧輝煌，熱

潮繡

鬧歡快。後者則開絲纖細，色彩細膩微妙，針法豐富多變、紋理分明，繡出的花鳥尤其精美。粵繡常用百鳥朝鳳、海產魚蝦、佛手瓜果一類有地方特色的題材。繡工多為男工所任。繡品品種豐富，有被面、枕套、床楣、披巾、頭巾、台帷、繡服、鞋帽、戲衣等，也有鏡屏、掛幛、條幅等。

到了明、清兩代，是粵繡最鼎盛的時期。明代有「廣紗甲天下」之稱，廣州、佛山等地的絲織品

他日相呼

如緞、綢、絹、紬等，光輝滑澤，色澤鮮華，因此大受歡迎，金陵蘇杭皆不及。

明代粵繡還以國外進口的孔雀尾羽織成絲縷，繡製成服裝和日用品。據屈大均《廣東新語》記載，「有以孔雀毛織為線縷以繡補子及雲肩袖口，金翠奪目，亦可愛，其毛多買於番舶」，「蘇門答臘、暹羅、佛朗哥、安南……諸番貢物，均有孔雀毛、孔雀翎」。

一九五七年，廣州市附近發現了明正德年間的墓葬，其中出土了幾件明代金銀線繡的衣物，其精巧程度被描述為：「鋪針細於毫芒，下針不忘規矩，器之掩侈，紋之隱顯，以馬尾勒絨作勒線，從而勾勒之，輪廓花紋自然，工整明顯，針眼掩藏，天衣無縫。」另一塊流入日本的鳳凰蔓草紋繡片，以平金針法繡製的鳳凰圖案，富麗堂皇；而用套針、鎖繡等針法繡制的蔓草紋形態生動，充分表現了明代廣繡的獨特技藝。

喜迎春

85

十六世紀，一位葡萄牙傳教士來到廣州，看到人們腳上的珠繡花鞋時，不由得對廣州人穿著「絕妙的藝術品」滿街走大表驚訝。一位葡萄牙商人買了一幅龍袍繡片，回國獻給國王，博得龍顏大悅，大加賞賜，使廣繡名噪一時。英國人也開始來樣加工，英女皇伊麗莎白一世就曾專門派人到廣州訂繡耶穌像和國王像。從此，講究透視、光線的西洋藝術技法風格，傳入廣東，對廣繡產生深遠影響。

廣繡成了身價百倍的搶手貨。無數雍容華美的掛屏、台屏、條幅、團扇、戲服、繡鞋、帳衭、台帷、掛裙、被面、床楣，從廣州的繡坊流入皇宮、流向海外和天南地北。刺繡行業一片繁榮，名工輩出。

清代，「洋船爭出是官商，十字門開向二洋，五絲八絲廣緞好，銀錢堆滿十三行」的盛景，在廣東沿海出現。廣州、南海、佛山、順德絲織業繁

盛，大量出口海外，深為東西二洋喜愛，而這幾
地也成為廣繡發展的中心地區。

鴉片戰爭以後，清廷門戶洞開，汕頭、湛江、海
口均闢為商埠，一九〇〇年，經由粵海關輸出的
繡品價值白銀四十九點七萬兩。《南洋勸業會報
告》記載：「吾國繡品銷外洋者，廣東最多。」

瓊樓清韻

清嘉慶、道光年間（1790–1850），廣州形成了
洋行繡莊（繡鋪）、作坊等生產經營結構，僅狀
元坊的廣繡工場與商店就有幾十家，並向番禺、
順德、南海等地發展。狀元坊、新勝街、沙面等
地的繡工，多達三千餘人。清代宮廷曾收藏有明
代粵繡《博古圍屏》等八幅，上面繡製古鼎、器、
玉器等九十五件，每幅高六尺八寸五分，寬一尺
五寸，素綾緞作底，線頭針腳都十分精美細緻。

當時廣東的繡莊對繡品的工時、用料、圖案、色
彩、規格、繡工價格等都有具體的規定，可見繡
莊經營的體系化與管理的規模化都日漸成熟，繡
莊大量生產室內裝飾和日用衣飾的廣繡繡品，除
了滿足國內所需，對外出口亦進入全盛時期。

狀元坊的繡坊，大部分都是粵繡，像鴻章、余茂
隆等店鋪出品的珠繡雲額、珠繡拖鞋、釘珠圍
裙、荷包、扇套等，手感柔滑，花紋繁複，色彩
濃豔，極富裝飾性，是典型的粵繡風格，在海內

外市場享有盛名；而珠繡粵劇戲服，採用釘珠方法，在戲服花紋圖案的邊緣，釘上玻璃珠串，造成珠光寶氣、華麗奪目的效果，這種特色工藝，絕非傳統的色絨線刺繡可比，顧繡與之也相差甚遠。

粵劇伶人的舞台戲服，大致上是依照明代服飾設計縫製的，有蟒（袍）、靠（甲）、海青（衣、裝）、披風、師爺服、京莊、裇、圍等。狀元坊的余茂隆戲服店，是從佛山遷來的，規模最大，工藝最精。「其服飾豪侈，每登台金翠迷離，如七寶樓台，令人不可逼視，雖京師歌樓，無其華靡。」這是清道光年間《夢華瑣簿》一書對狀元坊廣繡戲服的描述，百年之後重讀，字裡行間，依然霞光閃爍。

自晚清以迄於今，誕生了余德、黃妹、陳荷影、陳淑嫻、聶卓、鄧伯江、吳榮、許熾光、陳少芳等一批承先啟後的廣繡大師。

關於潮繡的起源，曾經頗有影響的觀點是，以始建於唐玄宗開元年間（738）潮州開元寺中的幡蓋等繡品，來佐證唐代潮州刺繡已達到相當水平。而確有記載的，現今最早提及潮繡的文字，則是一二五四年潮州知州陳煒在《題湖平石壁》詩中寫道：「朱幡影裡繡屏好，綠蓋香中畫舫行。」宋室南遷之後，大批民間藝人，包括陶瓷、刺繡、泥塑等從中原地區，經過江浙與福建，將先進的技藝帶入潮州，這從潮州諸多姓氏族譜的考證中都能得到佐證。

潮繡有強烈的地方文化色彩，構圖飽滿均衡，針法繁多，紋理清晰，金銀線鑲，托地墊高，色彩濃豔，裝飾性強，尤以富有浮雕效果的墊高繡法獨異於其他繡法。此外，以金碧、粗獷、雄渾的墊凸浮雕效果的釘金繡也尤為人所矚目，宜於廟堂會所裝飾和喜慶之用。

明正德年間在潮汕地區境內的祠堂廟宇已處處可

見民間迎神賽會，「正月燈，二月戲，清明墓祭。神台帳幔，描龍繡鳳，仕女穿戴，咸施綵繢」。據舊志記載，潮州安濟聖王宮中每逢神誕之日，鄉民會還願祭神，神袍要不斷更新繡製，「各以重金聘繡莊名師，一袍百數十金，其隆重

虔誠，世不多見」。可見在明代潮州城內濃厚的
民間風俗影響下，刺繡業的發展已具相當規模，
當時的府縣衙門內還設有專職繡花匠，專為官吏
繡製衣飾。

在《潮州府志》中，亦有如下記載，當時的潮州
民間「農家女不事耕耘，以針線互誇」。深巷之
中的尋常人家，有多少這樣心思巧慧的女子，無
論春晨秋夕、夏午冬夜，穿針引線，細細繡作。
據記載，明代潮州由於民間刺繡規模的不斷擴
大，形成了「東門曬漁網，西門擺花規（刺
繡），南門削竹箸，北門挈腳腿」的繁華景緻，
而時至今日，潮州市區的西門仍是傳統刺繡工藝
的基地。

一九一○年，潮州繡品參加在南京舉行的南洋第
一次勸業會，潮繡有多幅作品參展並獲得嘉獎：
大幅掛屏《蘇武牧羊》、《丹鳳朝陽》、《郭子
儀拜壽》、《獅子頭》、《海龍王頭》、《鵪鶉

鳥》等，而這些繡品是被譽為「二十四位繡花狀元」的林濤生、蔡戌子、尾仙、張桂泉、林伯、如伯、林新泉、王炳南、王鐘南、蔡鐘、李和彬、盧海清、冬瓜師、杜江寧、洪鐘、吳坤、吳欽、托伯、烏糖、白糖等二十四名男性繡工繡製的。而之後的林智成與魏逸儂，更是遠近聞名的潮繡大師。

傳統圖飾與富麗西風，民間情韻與洋畫光影，傳統與現代交融共生，中式與西式交相合璧，呈現的正是粵繡別具一格的藝術世界。這世界，是傳統現代並行不悖，交相融入的神奇景觀，此間自有奇異智慧，傳奇人生。

二〇〇六年，粵繡進入第一批國家級非物質文化遺產名錄，廣繡大師陳少芳與潮繡大師林智成成為粵繡兩大地方性品類的傳承人。在粵繡珍品的保護工作中，陳家祠、廣東省博物館、荔灣區錦綸會館、佛山博物館、潮州博物館、潮州湘橋區

京城會（木偶刺繡釘金繡）

民居文化展覽館，以及廣繡藝人開設的私家陳列館，如陳少芳位於番禺的廣繡藝研究所與位於芳村的花鳥魚蟲市場內，都珍藏著不同數量的粵繡珍品。

粵繡的現代發展，如能保持同日常生活的緊密聯繫，在保證欣賞性繡品創作的同時，尋找到傳統工藝與現代時尚巧妙共融的可觸點，開發一部分滿足市場所需，引領市場潮流的產品，將是粵繡重回公眾生活的絕好途徑。

裊裊沉香，即將散盡，傳奇腳步，漸行漸遠⋯⋯
芬芳繡史緩緩落幕。然而，「以美啟真」之心常
在，美常在，繡史未終，芬芳不絕。

（黃柏莉）

Lingnan School of Traditional Chinese Painting is the most influential school following the systematic On Sea Painting School. It is a revolutionary school of the traditional Chinese painting as well as a major school of the ethnic painting in the history of the art.

嶺南畫派

嶺南畫派是海上畫派之後崛起的最成體系、影響最大的一個畫派。它是中國傳統國畫中的革命派。

「十香園」是一個具有詩意的名字，在這個詩意的樓居之地種了夜來香、素馨、茉莉、白蘭、含笑、瑞香等十種香花，名字的由來即如是。十香園確是一個賞花的佳處，但如若你把它理解為一個花園那就錯了。

十香園被譽為嶺南畫派的搖籃，是清末著名畫家居廉設帳收徒之所，位於現在的懷德大街。一八二八年，居廉出生於廣東番禺隔山鄉（今廣州河南沙園街內），少年跟隨堂兄居巢習畫。居巢和居廉潛心探究，不泥古、敢於創新，創研了「撞粉」、「撞水」的繪畫手法，日漸在畫界享有盛譽，後人稱其為「二居」。

居廉的花鳥畫在師承前代的同時銳意變革，摻入了自己的繪畫實踐。以寫生為基礎，筆法上兼工帶寫，用色豔而不俗；特別注重從造化中吸收靈感，因此，畫面欣然成趣，形成了「居派」，又稱為「隔山畫派」的典型畫風。

居廉的繪畫到了晚年更是達到了爐火純青的地步，對其評價如是「寫花得向背掩映之神，故極妍盡態，而葉能反折得勢，枝能秀勁生動，又得風晴雨露月雪之變態。多寫生，得花葉形狀之真確，多悟想，得章法位置之巧妙，故能隨意揮

居廉

101

居廉　花鳥

灑，遂成妙圖」。所以慕名拜師學畫者甚多。

居廉一生的大部分時間在十香園裡度過，在這裡他不僅創作出大量的藝術佳品，而且還培育出伍德彝、高劍父、陳樹人等一代畫師，從而奠定了嶺南繪畫的突起。

一八九二年，一名少年拜師六十五歲的居廉，他就是嶺南畫派的創始人之一高劍父。居廉的才學和創新，為天資聰慧的高劍父奠定了較高的起點。一九九〇年，十香園裡又出現了一個響亮的名字——陳樹人，嶺南畫派的另外一位創始人。在十香園裡，居廉不僅在繪畫技法上對高、陳兩人產生了影響，同時還培養了他們的創新意識。這無疑奏響了高、陳二君改革中國畫、創建「新國畫」的前奏。

有關嶺南畫派的界定，眾說不一。其中較為中肯的一說是：嶺南畫派是指廣東一帶的以調和中西

現代模擬的當年
居廉和徒子們的
教學場景

藝術為宗旨的畫派；高劍父、高奇峰、陳樹人為
畫派創始人。「兩高一陳」被後世稱為「嶺南三
傑」。

對於嶺南畫派的評判，可謂褒貶不一。多從技法
材料上對其進行概括：「喜用熟紙、熟絹加之撞
水撞粉的技法」，「嶺南派畫實際上是日本畫的
變種」，「是西洋水彩畫」。此種種說法，對嶺

103

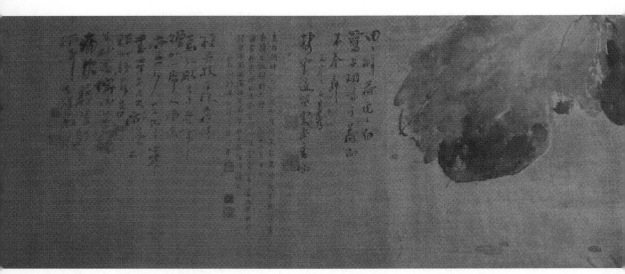

高奇峰 白露蓮花

南畫派的評判是有失公允的膚淺之言。因為嶺南畫派的風格面貌之形成，絕非只停留在技法的層面，更為主要的是其繪畫思想上的革新。換句話說，嶺南畫派的技法是其繪畫思想的載體。

嶺南畫派的第二代代表人物關山月就認為：「嶺南畫派之所以在中國現代美術史上產生廣泛的影響，受到進步人士的支持和肯定，主要因為它在新舊交替的歷史時期，代表了先進的藝術思潮。它揭起的藝術革命旗幟，主張以新的科學觀點對因襲、停滯的舊中國畫來一番改造。它主張打破

門戶之見，大膽吸收外來的養料……它反對尊古卑今的保守觀念，強調緊跟時代的步伐，創造出能反映現實生活和時代精神的新中國畫。」這些文字對嶺南畫派的藝術特色，予以了較為明晰的梳理。

在繪畫史上，任何繪畫派別的產生和發展，都有其獨到的繪畫思想，有其超越前人的創作理念和創作方法。嶺南畫派無論在創作內容還是創作形式上皆表現出標新立異之創舉。

高劍父（前排右）

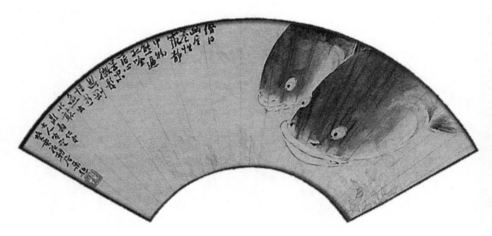

居廉　扇面

在繪畫創作手法方面，嶺南畫派的主要觀點是
「合爐而冶，折而中之，以中國之古筆，寫西洋
之新意」，其中的「折而中之」，有著非常廣泛
的外延。嶺南畫派主張「以我國之古筆，寫西洋
之新意」，認為「促進現代畫（以後稱新國畫）
之成立，最好是中畫西畫兩派有相當造詣的人，
起而從事」。

高劍父提出中西繪畫要「調和取捨、互換所
長」，除此之外，在嶺南畫派的折中思想中，還
包括對日本畫和印度畫的研究和吸收。儘管嶺南
畫派堅持「日本畫即中國畫」的觀點，但是，畢

竟「日本畫有它可取的特色」，日
本學者鶴田武良曾經談到高劍父對
日本繪畫的模仿。此外，高奇峰的
某些作品也體現了早年對日本風格
的模仿以及變革中國畫的探索。嶺
南畫派還考察和研究印度繪畫，吸
收了印度作風。

這些表明，嶺南畫派主張的「折而
中之」，不僅包含了中西範疇的折
中，而且還包含了對日本畫、印度
畫的研究、吸收和折中。在「折而
中之」的過程中，嶺南畫派主張以
中國畫為本體。高奇峰認為應當
「將中國古代畫的筆法、氣韻、水
墨、賦色、比興、抒情、哲理、詩
意那幾種藝術上最高的機件，通通
都保留著」；高劍父提出「不主張
全盤接受西畫」，這些論述表明，

高奇峰
喜鵲登梅圖

趙少昂
一枝春風

嶺南畫派提倡的折中，「不是投胎在西畫的懷裡，變作西畫的面目」，而是要創建「健全的、合理的新國畫」。

折中中外、融合古今的繪畫思想，還體現在「嶺南三傑」的藝術教育中。高劍父在教導學生時強調：「我們要改革文人畫……以西洋畫的寫生方法畫宋院畫，取其寫實，去其刻板。西洋畫很多長處，色彩豐富，光感很強，質感逼真，國畫這些方面就顯得不足。但西洋畫沒有氣韻，這是最大的缺點，搞國畫改革，就是要吸收西

壁山先生屬

奇峰

高奇峰　松鷹圖

楊善深　　燕山老君廟

畫所長，克服國畫所短，從而使國畫藝術出現一
個嶄新的面目。」高劍父在教學活動中，還經常
拿些印度畫給各位同學觀賞。

中國繪畫歷來占據統治地位的是文人畫，它要求
在繪畫中要寄託高古的風格氣度。無論山林花卉
皆被人格化，所以有「松、竹、梅、蘭」四君子

的題材，有以山林喻品格的表現方法。總之，在
傳統的繪畫觀念中，「氣」、「韻」是繪畫品評
的最高標準。這就要求繪畫必須表現出風雅、高
古的氣格，因此在題材的選擇上非常考究，凡俗
之物概不入畫。

趙少昂　墨梅

關山月　山水

嶺南畫派拓寬了繪畫題材的範圍，主張「世間一切，無貴無賤，有情無情」，都可以入畫，尤其注意具有時代氣息的事物。高劍父的作品中常常表現新事物，如穿西裝的人物，飛機、汽車等科學化的物體。

嶺南畫派不僅注重表現新事物，還注重關注現實生活，表現民間題材。高劍父説：「如民間疾苦，難童、勞工、農作、人民生活，那啼飢號寒，求死不得的，或終歲勞苦、不得一飽的狀況，正是我們的好材料。」可以看出畫家的社會責任感和現實主義情懷，與前代的畫家相比這是甚為可貴的。

關山月

嶺南畫派還主張從日常生活中廣泛選材，諸如飛魚、木瓜、菠蘿蜜、粽子、餅乾、收音機這些「前不見古人」的東西，也在高劍父的作品中出現。這些題材都是西方靜物畫中的題材，而中國畫的分類中是沒有靜物畫這一分科的，從這裡我

113

們也能看到嶺南畫派融匯中西的創新精神。

嶺南畫派在色彩的處理上，突破文人畫的固有條框，繼承宋朝院體畫寫生設色、「隨類賦彩」的傳統；吸收日本、西洋畫家重光重色的優勢，創造了作品獨特的「好色」風貌。嶺南畫派也一反統中國畫「以墨為主、以色為輔」的觀念，努力挖掘和拓展色彩的表現空間，在用色上或「色墨並重」，或「以色為主、以墨為輔」，極大地豐富了中國畫的色彩表現力。這一創新促進了繪畫風格流派的多樣性、藝術語言的現代化；同時，將空間感、立體感引入中國繪畫之中。

嶺南畫派第二代的代表人物有黃少強、趙少昂、方人定、黎雄才、關山月等藝術大師。此外，何香凝、趙崇正、楊善深、黃獨峰、司徒奇、李撫虹、何漆園、週一峰、葉少秉、容漱石等人都或多或少地師承於高氏兄弟。他們默默無聞地實踐著嶺南畫派「折中中西、融匯古今」的宗旨，通

何香凝　獅子

一九三一年，
高奇峰（右
二）與他的六
位得意弟子
「天風六號」

過自己的實踐，證明中國畫革新之路的可行性。
他們在第一代領軍人物的帶領下，組成了嶺南畫
派的龐大陣容，成為一支能夠與海派、京津畫派
鼎足而立的繪畫力量。

嶺南畫派對於二十世紀中國繪畫史有著重要意
義。單就繪畫思想而言，嶺南畫派繪畫思想就是
一筆豐厚的歷史財富。嶺南畫派倡導折中、融
合、發展新國畫等繪畫思想，對中國繪畫的發展
具有劃時代的意義。

嶺南畫派的主張：「具有一定的科學性，是符合事物發展的規律、經得起時間考驗的，所以不是一個時過境遷的歷史概念，而是具有一定生命力的思想體系。」不但指導著嶺南畫派本身的繪畫創作，而且對二十世紀中國畫理論也有著積極的推動作用。

（韓延兵　王時紅　熊慧芳）

方人定　歸獵

117

The Teochew (Chaozhou) Style Tea Brewing features demonstration of complicated skills and procedures, implications of natural life, and an artistic way of tasting the drink.

潮汕工夫茶

潮汕工夫茶，繁瑣的技藝、程序包涵了自然生活的情趣，是一種藝術化的品飲。

俗話説：「有潮汕人的地方，就一定有潮汕工夫
茶。」相信每一個去過潮汕，走進潮汕小家小院
的人，都會對這一幀小景記憶猶新：所到之處，
主人總會擺出茶具，燒好開水，等水沸騰，燙

鳳凰山上

杯，下茶，高沖低斟、關公巡城、韓信點兵，便旋灑出茶色均勻的三小杯。「食茶食茶……」（潮汕方言，意為喝茶）主人客氣地招呼著來客。而你光是端坐在簡樸香案前，凝視古色古香的茶具，烹茗閒坐，啜飲聊天，水氣氤氳，茶香依依，笑語融融，茶話娓娓，就會感受到潮汕茶文化的奧妙之處。

的確，潮汕工夫茶，對潮汕人而言，可以說是「不可一日無此君」。無論是身居繁華喧鬧的大都市，還是隱居在窮鄉僻壤，或是漂洋過海客居異國；無論是一介平民，還是位居要職，腰纏萬貫，他都會時不時煮茗酌飲，臨風把盅，可見，茶與潮汕人已經難分難捨，渾然一體，也成為潮汕文化不可分割的一部分。所以，潮汕人也把茶葉叫「茶米」，意思就是潮州人嗜茶若命，茶與米不可分，茶者猶米，故曰「茶米」。而據史料記載，清代愛國詩人丘逢甲客居潮州時，就曾動情地描述過潮汕工夫茶：「曲院春風啜茗天，竹

採茶姑娘

121

爐欖炭手親煎。小砂壺淪新鴝嘴，來試湖山處女泉」。

潮汕工夫茶，亦稱潮州工夫茶，兩者同源同義。古潮州郡治，覆蓋現今潮州、汕頭、揭陽三市區及潮安、饒平、澄海、南澳、潮陽、惠來、普寧、揭西、揭東九縣，還遠及豐順、大埔、焦嶺縣等。其起源於宋代，在廣東的潮州府（今潮汕地區）及福建的漳州、泉州一帶最為盛行。那時候，中國上層社會「斗茶」之風盛行，誰家買得好茶，就要請客。這種風氣逐步演變到茶農、茶商的試茶評茶。

由於日日品茶，喝得太多也難受，就大杯改小杯
而成為很濃的小杯茶，這成了工夫茶的雛形。日
久天長，老百姓漸漸在茶具、茶葉和沖泡技術上
越來越講究，形成了獨特的「潮汕工夫茶」。蘇
轍有詩曰：「閩中茶，天下高，傾身事茶不知
勞。」

關於潮汕工夫茶藝定式，較早的文字記載是清代
俞蛟《夢廠雜著·潮嘉風月·工夫茶》。及至明
代翁輝東撰《潮州茶經·工夫茶》，則以詳盡著
稱。後之介紹文字，未見有超越其窠臼者。從史
料可以看出，中國茶道形成於盛唐，《茶經》總

其大成，俗稱《茶經法》。《茶經》是潮汕工夫茶烹法之本，更是中國工夫茶的「元典」。

《茶經法》詳載茶藝，包括炙茶、碾末、取火、選水、煮茶、酌茶六個主要程序，組成了「茶藝」的核心內容。宋、元是中國工夫茶發展期，到了明代是中國工夫茶的鼎盛期，將茶藝推進到盡善盡美的階段。

而「工夫」一詞，在潮汕話中是做事方法講究的
意思，這裡指烹茶、品茶方法的講究。只要說起
潮汕工夫茶，總可以概括出精、潔、和、思四個
特點。

精：指的是茶具的精美；潔：指的是茶葉、茶具
的潔淨；和：和、愛本一家，家人一起品茶聊天
更能體現家人的和睦，培養感情；思：品茶可以
提神，消解疲勞，啟發人的思維。

正是由於潮汕工夫茶的特別之處，所以，在潮
汕，不論嘉會盛宴，或是閒處逸居，乃至豆棚瓜
下、擔側攤前，人們隨處都可以看到一幅幅提壺
擎杯長斟短酌，充滿安逸情趣的風俗圖畫。

潮汕工夫茶多用烏龍，武夷岩茶、鳳凰單樅、安
溪鐵觀音皆可入壺。但按照大家喝茶的習慣來
看，當地人還是喜歡喝本地產的單樅茶葉。據
《潮州府志》記載：「鳳凰山名茶待詔茶亦名貢

曬青

茶。」民間傳說南宋末代皇帝昺，逃到潮州鳳凰山，口渴思飲，采山中茶葉咀嚼，清甘止渴，稱賞不已，以後當地老百姓就專工栽培這種茶樹，因而成為有名的「鳳凰茶」。

「鳳凰茶」素以其氣味清香、耐沖耐泡，並獨具各種自然花香味而聞名於世。這首先與鳳凰山的自然地理條件有密切關係。鳳凰山位於潮州東北面，地處饒平、豐順、大埔三縣之結合部，屬北迴歸線近側。這裡常年雲霧繚繞，群山起伏，海拔一○○○米以上的山峰有十多個，其中有粵東第一高峰鳳凰烏髻和第二高峰烏崠頂，而名茶多產於高峰雲霧之上。其次，「鳳凰茶」有獨具一

格的製作方法，分「萎凋——發酵——殺青——
揉捻——烘焙」五個程序進行，每道程序都有嚴
格的操作方法。

而「鳳凰茶」的品種、香型頗多，常見的香型有
黃梔香、玉蘭香、蜜蘭香、芝蘭香、杏仁香、肉
桂香等花香型，甚至有熱帶水果諸如菠蘿蜜香、
榴蓮香此類瓜果香味。這麼多香型，取決於茶樹

鳳凰山

摘茶

樹種和後期加工工藝的不同，不以茶香論貴賤。

一般而言，好茶顏色金黃，偏黑者次之。春冬兩
季單樅最好，尤以春茶葉底柔軟細膩、茶香濃郁
為最佳；夏秋茶次之。而在鳳凰單樅中，尤以鳳
凰山烏崠頂單樅茶的品質最優，向來有形美、色
翠、香郁、味甘「四絕」之稱。沖泡時在幾步之
外便能聞其香味，飲之回味無窮。

潮汕人愛喝茶這其中便有著潮汕人的好客心理。
在潮汕，或家人閒聚，或賓客登門，沏上一泡雪
片，殷勤一聲「食茶」，一種親切融洽的感覺，
便漫上心頭。有詩句曰，「寒夜客來茶當酒」，

就是對來客敬茶以示禮儀，共訴相聚的喜悦，這是茶道的基礎，也是好客心理的一種體現。 不過，工夫茶的習俗，也有很多的講究，民間很多諺語流傳至今，就體現了潮汕人飲工夫茶的儒雅心理，一敬一請之間，潮汕人的溫文儒雅展現無遺。

「頭沖腳惜（音同），二沖茶葉」，是指主人沖茶時，頭沖必須沖後倒掉不可喝，因為裡面有雜質不宜喝飲，要是讓客人喝頭沖茶就是欺侮人家。

擇茶

「酒滿敬人，茶滿欺人」，酒是冷的，斟滿敬客，既表示熱情，客人接時還不會燙手，茶則不宜過滿，俗話說：「茶倒七分滿，留下三分是情分。」因為茶是熱的，滿了客人接時還會燙手，甚至還會出現茶杯掉落地上被打破的尷尬局面，使客人難堪。

揉茶

「先尊後卑，先老後少」，斟第一遍茶時，要按照「先尊後卑，先老後少」的順序敬茶，第二遍則按照座位順序斟即可。客人接過茶後，長輩用中指在桌上輕彈兩下，小輩、平輩用食指和中指在桌面上輕彈兩下，以示回禮，表示謝意。當客人全都喝過茶後，煮茶沖茶的主人才可飲用，否則就會被當作「蠻客欺客」、「待人不恭」。

「新客換茶」，賓主飲茶期間，如果有新客人到來，主人要立刻換茶葉，以表示對新客人的歡

迎。如果不換茶，就被認為是怠慢客人。還要讓
新客人先飲用換茶之後的二沖茶。當主人敬茶
時，新客人也不要一再推辭不喝，不然就卻之不
恭了。

工夫茶的獨特之處，還在於它的茶具。茶具是最
具藝術欣賞情趣的因素。傳統的潮汕工夫茶所用
的茶具，有所謂的四寶、八寶、十二寶之説。普
遍講究的是四寶：白泥小砂鍋（砂銚）、紅泥小
火爐（風爐）、紫砂小茶壺、小茶杯。此四件，
除了紫砂小茶壺為宜興最佳外，其餘三件均以潮
汕產為佳，都有昔日文人著文稱譽。而茶洗、茶
盤、茶墊、水瓶、龍缸、羽扇和欖核碳等等這些
特別的器皿，也使工夫茶獨具韻味，揚名天下。

紅泥小火爐

有好茶和珍貴茶具，如不善沖泡，就會全功盡
廢。早在北宋，就已有有關潮州茶事的最早記
錄，就是在宴席間品茶的程序。從燒炭、洗杯到
沏茶、喝茶都記錄清晰，每道工序都體現了「仁

131

愛致祥」的儒家氣息。傳統的工夫茶，需按泡器、納茶、候湯、沖點、刮沫、淋罐、灑茶等程序進行，就是所謂「十法」，即活火、蝦須水、揀茶、裝茶、燙盅、熱罐、高沖、蓋沫、淋頂與低篩，也有人把烹製工夫茶的具體程序概括為「高沖低灑，蓋沫重眉，關公巡城，韓信點兵」，或稱「八步法」。

由此可見，飲潮汕工夫茶，不單單是以解渴為目的，它繁瑣的技藝、程序包涵了自然生活的情趣，是一種藝術化的品飲。當你端起茶杯，心神清淨，細吸慢啜，就宛若在欣賞一幅人生的畫卷。其色，其香，其味，無不蘊涵著人生的哲理，暗合了工夫茶道「和、敬、精、樂」的文化精髓。

（翁小築）

The Cantonese herbal tea is a drink developed for such remedies as clearing away heat and toxic material and promoting fluid production to quench thirst, on the basis of local climatic, water and soil conditions.

廣東涼茶

廣東涼茶是嶺南人民根據本地的氣候、水土特性，以中草藥為基礎，研製總結出的一類具有清熱解毒、生津止渴等功效的飲品總稱。

藥俠王老吉

羊城的夏日，赤日炎炎。在廣州的街頭，隱隱飄著甘味藥香，引得路人循著絲絲香味尋望。

這香味的源頭，是一間簡樸的涼茶鋪，繞過擺著大大小小瓦煲的櫃檯，店內擺著六個煤爐，溫度要比外面高出兩三度，店主正一手拿著小老虎鉗夾起瓦煲蓋，一手拿著大鍋鏟不時地攪拌煲裡的草藥。這間靠著傳統瓦煲煲出純中草藥配製的涼茶的店鋪，已開業十幾年，吸引了大批市民光臨。按照店裡的慣例，每次有人來買涼茶，店主都會叫他們先伸出條「脷」（粵語，指「舌

頭」），看看他們是熱氣還是濕毒，然後，就根
據不同症狀，用藥勺在面前的各個瓦煲裡挑選所
需的涼茶成分，快手地調製出一杯對症下藥的涼
茶。

小鋪、瓦煲、草藥、大碗，先看症狀再配茶……
這富有地方特色的一幕，曾是舊日廣東尋常的一
景，它引出的是廣東人幾千年來揮不去、斬不斷
的涼茶情結。

一方水土養一方人，一方水土育一方物。涼茶並
不是由單個人的靈光一閃發明的，而是由嶺南人

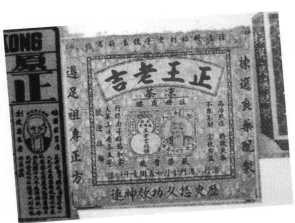

王老吉舊招貼

土法煲制涼茶

民在當地的自然條件和生活習慣下通過與自然的搏鬥積累下來的生活智慧，它的出現與嶺南地區的醫學發展和社會進步息息相關。

涼茶盛行於兩廣、港澳地區，這與嶺南氣候和水土有很大關係。「嶺南地卑而濕」，廣東地處中國大陸南方沿海，三面環海，氣候炎熱潮濕，屬亞熱帶氣候。加之，廣大的珠江三角洲平原為石灰熔岩豐富的地區，水質含鈣鹽等熱性的成分較多。按照中醫五行歸屬，南方炎熱，與五行中「火」溫熱、炎上的特性相似，故南方五行屬「火」。以中醫天人相應的觀點，受地理氣候影響，嶺南人體質易受濕熱影響而發病，火性炎上升散，傷人陰津，陰不制陽，火熱炎上，故易出現「上火」症狀。

其實，這一點在古代便成為百姓及藥家的共識。《黃帝內經》曾指出「南方生熱、熱生火」，可謂一語中的。嶺南地區濕熱、多瘴氣，每年陽春

三月，大霧籠罩著五嶺以南大部分地區，鄉間人
稱之為「黃沙霧」，實際上為一種帶毒的薄瘴。
在野外勞作的時候，婦女要包裹頭巾，男人帶笠
帽，穿長衫、長褲，以遮瘴霧侵入人體而得病。
古時這種毒霧引起人們患流行性感冒、發燒發
熱、肺炎咳嗽等病，民間稱之為「熱病」。

舊時涼茶鋪煲涼茶處

「熱病」對人體的傷害很大，外地人初到嶺南，由於對氣候環境的不適應，更易感染病症。唐代韓愈被貶為潮州刺史時吟詩說：「好收吾骨瘴江邊。」淮南王劉安諫漢武帝遠征嶺南時說：「南方暑濕，近夏瘴熱，暴露水居，蝮蛇蠱生，疾病多作；兵未血刃，而病死者十之二三。」這樣惡劣的自然環境自然會對人體造成極大傷害，嶺南人通過與自然環境的不斷抗爭，積累了調理保健、防病治病的寶貴經驗。為了除濕去熱，適應環境，他們在植被豐富的山川谷地採集一些清熱解毒、消暑去濕的中草藥，經過一些具有中醫藥知識的人長期實踐，研製出各種各樣的涼茶。

涼茶，所用藥材多數為寒涼性的植物，典型的如夏枯草、苦瓜、羅漢果等。其中夏枯草總是在夏至過後枯萎，故得此名，其味苦辛，被認為性極寒，盡吸冬春陰寒之氣，因而受不得夏日酷熱，所以一過夏至即枯萎，最有「涼」的意味。

一八九七年，王老吉第三代傳人王恆裕與其妻何氏
在香港分店開業時合影

從古到今流傳的涼茶配方有許多種，但功效幾乎
都是「清熱解毒、滋陰降火」。廣東人喜飲涼
茶，一碗甘苦的涼茶入口，頓時生津止渴、消暑
去濕清熱。許多人家平日會不時叮囑孩子到街上
涼茶鋪飲碗涼茶，或者買一些涼茶包放在家中保
平安，甚至有華僑回鄉探親，也要買些涼茶包帶
出國，讓久居海外的親友也能喝上家鄉地道的涼

民國初年的陳李濟

茶。廣東民眾喝涼茶的習俗由來已久，從表面看似很簡單，「上火喝涼茶」，但深究起來，其實是有很強大的生活和文化傳統在支撐。

涼茶有廣義和狹義之分。廣義的涼茶泛指一切清涼的湯藥，藥力溫和的有五花茶、夏桑菊、竹蔗茅根汁等；藥力峻猛的有石岐涼茶、廿四味、痧茶等。狹義的涼茶僅指藥方中加有茶葉的清涼湯劑，如綠菊茶就是在綠豆、菊花中加入茶葉而

老藥房

成。無論廣義或是狹義的涼茶，或多或少，或輕
或重都帶有寒涼之性，唯「熱氣」者所宜。

另外，涼茶的功效以「去火」為核心，但類型不
一的涼茶細化的功效也不一，主要有以下幾類：
清熱解表茶，主要適合內熱、火氣重的人，代表
藥材有銀花、菊花、山枝子、黃芩等，適飲於
春、夏和秋季；解感茶，主要醫治外感風熱、四
時感冒和流感，代表藥材有「非典」時期賣到天
價的板藍根，此茶四季都適飲；清熱潤燥茶，此
類涼茶尤其適飲於秋季，對於口乾、舌燥、咳嗽
都有良好的藥用功效，代表藥材有沙參、玉竹、
淡竹葉、冬麥、雪耳等；清熱化濕茶，針對濕熱
氣重，口氣大，面色黃赤等人飲用，代表藥材有

銀花、菊花、棉茵陳、土茯苓等，適飲於夏季。

涼茶不僅不含茶葉，且大多呈褐色或黑色，與嫩綠清澄的「茶」似乎不相符，然而，為何仍以「茶」命之？其實，涼茶中的「茶」字更多是承襲傳統茶葉的保健防病功效。

我國是茶的故鄉，也是藥茶的發源地。據我國第一部經典本草著作《神農本草經》記載：「神農嘗百草，日遇七十二毒，得茶而解之。」書中還記載：「茶味苦，飲之使人益思，少臥，輕身，明目。」可見對茶葉早期的認識是從其藥用價值開始的。

世界第一部茶書唐代陸羽所撰的《茶經》中寫道：「茶之為飲，發乎神農氏，聞於魯周公。」說明茶是先被藥用。此後，中醫發現在茶中加入一些食物或藥物可以具備特別的療效，也以「茶」命名之，即「藥茶」。

藥茶是一種祛邪治病、防病保健的中藥劑型，可
以像飲茶一樣供病人服用，作用持久而緩和，且
無呆滯中焦脾胃之弊。唐代「藥王」孫思邈編著
的《備急千金要方》、《千金翼方》等書中載有
「治噦逆竹茹蘆根茶」等藥茶方十餘首，可見藥
茶的價值已普遍為人們所接受。

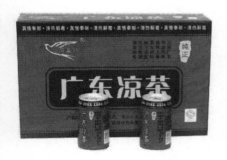

以「正宗廣東，傳統風味」吸引消費者的罐裝廣東涼茶

到宋、元以後更是得到廣泛應用。至明代，隨著商品經濟的發展，中國茶飲中配以藥物已十分普遍，李時珍的《本草綱目》中，記載著多種茶和其他中草藥配成的藥方。如：與茱萸、蔥、薑一同煎服，助消化、理氣順食；與醋一同煎服，可治中暑、痢疾；另外，與薑煎服對痢疾也有良好療效。這說明中國的藥茶已漸趨於成熟。

隨著茶飲的發展，一些用藥煎煮或沖泡的代茶飲品，即使沒有茶葉，只要能夠達到保健防病的目的，也可謂之「茶」。如在唐代官方編著的《太平聖惠方》載：「薄荷茶，治傷寒鼻塞頭痛煩躁。」

涼茶，正是以寒涼藥材煮茶，保健防病、治療熱症及上火。至今，涼茶的概念不斷地延伸，凡是能夠起到清熱解暑、祛濕消滯、生津止渴、提神醒腦或養顏護膚等作用的，都被人們稱為涼茶。

人們通常把涼茶鋪的產生時間追溯到清道光年間。相傳，王老吉涼茶由廣東鶴山人王澤邦（乳名王吉）於一八二八年始創。當時他在廣州十三行靖遠街開設涼茶鋪，經營水碗涼茶。涼茶鋪附近都是些碼頭搬運工、黃包車伕以及來往客商，人們但凡頭痛身熱、咽喉腫痛、大便秘結、口舌臭苦時，喝上一碗涼茶均能藥到病除。

這樣一來，王老吉聲名遠播，涼茶鋪經常門庭若市。一些遠道聞名而來的病人，要求將王老吉製成方便攜帶的成藥，王吉便以前店後廠的形式生產紙包裝的王老吉涼茶出售。傳說當年欽差大臣林則徐微服入粵查煙，親身體驗過阿吉涼茶的奇妙後，派人送來了一個刻有「王老吉」三個金字的大銅壺贈予王澤邦。從此，王澤邦以「王老吉」為號，首創涼茶鋪，並且流傳到海外。大銅壺、大葫蘆也由此成為廣東涼茶鋪的標誌。可見最遲在清代，涼茶鋪的經營就已經非常普遍了。

黃振龍涼茶博物館

147

藝術家萬兆泉刻畫
了一個有趣的市井
生活畫面：母親要
小孩喝涼茶，但小
孩卻拚命想逃走

除了「王老吉」外，一百多年來，「黃振龍」、
「三虎堂」、「耕田公」、「羅耀堂」、「大鄉
里」、「全心堂」、「三坑瓦」等涼茶老號，也
先後出現在廣東、廣西和港澳地區，成為老一輩
嶺南人耳熟能詳的名字。而「阿貞涼茶」、「金
葫蘆」、「平安堂」、「清心堂」、「魯大爺甘
露茶」、「沙溪涼茶」、「羅浮山涼茶」、「石
岐涼茶」、「廉江涼茶」、「鄧老涼茶」等，更
是目前廣東民眾日常生活中不可缺少的一部分。

二〇一〇年，「王老吉」成為第十六屆亞洲運動
會唯一指定非酒精類飲料。

涼茶，是嶺南文化一個具有生活氣息的代表。精
心組方，細細熬煮，一碗飄香的涼茶，一絲淡淡
的苦澀，一種獨有的生活態度。透過涼茶，我們
可以品出嶺南人的生存環境與智慧。

（朱鋼）

After the Opium War, Kang Youwei and his student Liang Qichao led the well-known movement of "The Imperial Exam Candidates' petition" and the influential "100-day Reform (1898)".

康有為、
梁啟超

康有為、梁啟超師徒二人在
鴉片戰爭以後，領導了著名
的「公車上書」運動和促成
「百日維新」改革。

自鴉片戰爭以來，中國又經歷了太平天國和甲午戰爭兩大巨變，把這個獨尊儒術兩千多年的老大帝國，推到了歷史的十字路口。國家、民族、文化的命脈，存亡絕續，懸於呼吸，其危如一發引千鈞。

當其時，以魏源、林則徐、郭嵩燾、徐繼畬、梁廷相等人為代表的一批有識之士，主張經世致用，在萎靡泄沓的社會環境中，不斷呼籲變法。他們指出：中國的當務之急，既不是如何拒「夷」於國門之外，也不是如何為往聖繼絕學，重振舊政教，恢復舊綱紀，而是老老實實向西方學習。不管學習過程多麼痛苦與難堪，都無法迴避，沒有第二條路可走，唯有硬著頭皮學下去。為此，他們翻譯和編寫了不少介紹「夷情」的書

籍，為人們打開了觀察另一個世界的窗口。其意
義，殆與劃破黑夜的閃電相同。

我們發現，每每到了天地變色，日月無光的最後
關頭，在中國的南方，便有一群廣東人平地興
起，以一往直前、衝破一切阻礙的堅強意志，在
蹇滯艱難的困局之中，殺出一條血路。鴉片戰爭

發生公車上書一
幕的老北京

康有為

迫使中國從一個封閉的、宗法專制的國家，開始
向現代國家轉型。廣東在這個轉型過程中，起著
一種歷史樞紐的作用。誠如一位山西學者所說：
「近百年來，中國所以危而不亡，主要靠湖南、
廣東人物的努力。」

一八九五年春天，北京聚集著大批從各省上京參加會試的舉人，已經考試完畢，正在等待放榜。四月，甲午戰爭中國戰敗，中日兩國簽訂《馬關條約》，割讓臺灣及遼東，賠款二萬萬兩的消息，像一顆炸彈在京城炸開了。各地舉人的公呈，像雪片似的飛到都察院，呼籲朝廷拒絕簽約。在這批奔走呼號的知識分子當中，有兩個廣東人最為活躍，一個是康有為，另一個是梁啟超。

光緒和維新派首領康有為、梁啟超合影

康有為

康有為，廣東南海人，生於一八五八年，原名祖詒，號長素。早年在家鄉時，他便廣泛閱讀各種新書，如《西國近事彙編》、《環遊地球新錄》等等，開闊了眼界。他在禮山草堂讀書時，已表現出「大膽創新，勇於嘗試」的精神了。有一回學生們到西江參觀蘇東坡南貶時遇風泊舟處的古蹟，康有為不願同往。有人問他原因，他慨然回答：「逆流之舟，何用瞻仰？我要看的是王荊公的改制台！」

後來康有為親身遊歷香港，感受到西方文明，治國甚有法度，絕不是中國人所說的「夷狄」。於是大購西方書籍（譯本），大講西學。在一個多世紀的風雲變幻中，廣東始終站在中國與世界對話的最前沿。把中國帶到世界面前的，是廣東；把世界帶到中國面前的，也是廣東。

一八九一年，康有為在廣州開辦「萬木草堂」，大發求仁之義，而講中外之故，救中國之法，鼓

吹從最高層的王權入手，由上而下改造中國。「萬木草堂」成了變革維新的思想溫床。

雖然康有為在邱氏書屋講學，時間很短，只有一年，翌年便遷到廣州衛邊街（今廣衛路）的鄺氏祠堂了，後來又遷到廣州府學宮仰高祠（今市一宮內），但康有為親自製定《長興學記》，作為「萬木草堂」的校規，又在這裡主持完成了《新學偽經考》和《孔子改制考》等重要著作的分纂和校勘，足以令長興裡名垂竹帛了。因此，現在人們一說起萬木草堂，都知道是在長興裡。

梁啟超，廣東新會人，生於一八七三年，字卓如，號任公。他十

二歲進學，十七歲中舉，人稱「神童」，滿腹訓詁詞章之學。自從聽了康有為如「大海潮音，作獅子吼」的講學後，幡然猛醒，有如桶底脫落，豁然貫通，始覺自己肚裡的全是「數百年無用舊學」。於是改轅易轍，追隨康有為左右，絳帳侍坐，執經問字，北面備弟子禮。當時康有為還只是個秀才，梁啟超以舉人的資格，倒過來拜秀才為師，傾力提倡新學。康有為有了這個得力助手，如虎添翼。

為了阻止朝廷簽約，梁啟超先是聯合了幾位廣東舉人上書，被都察院拒絕了。其後湖南舉人們得知，也積極參與，挺身而出的公車愈來愈多，力言臺灣萬不可割讓。康有為聯合在京會試的公車一千三百多人，在松筠庵會議，共同署名上書光緒皇帝，並齊赴都察院遞交請願書，但又被都察院拒收。這就是在所有中國近代史書上都少不了的「公車上書」一頁。

這個被歷史學家稱之為「是自十二世紀宋朝太學
生發動的知識青年救亡運動以來，絕無僅有的第
二次」的大事件，是中國近代史上一個重要的節
點，它像徵著傳統知識分子在近代社會的角色轉
換。

但一八九五年的「公車上書」，與宋代的太學生
伏闕上書，請求抗金，有本質的不同，它不僅開

康有為故居

康有為（塑像）

啟了近代中國知識分子問政之風，更重要的是，它把個別事件引向了國家政治改革的方向，製造了一場社會運動。

作為一代國學大師康有為，終生在古文經學與今文經學中打轉，他宣稱兩千多年來盛行的都是偽孔學，真孔學被湮沒了，現在他要撥開雲霧覽日月，洗去真孔學的塵垢，重現其價值光芒。康有為嘗試把西學的某些「體」，加以包裝，移植到中學的「體」內。他要啟蒙中國人，所以要引入西學；他要救亡中國，所以要創立孔教，奉孔子為教主。

一八九六年八月九日，梁啟超在上海創辦《時務報》（旬刊），每期三四萬字，並親任總主筆，先後出版了六

廣府學宮曾經是萬
木草堂的舊址之一

十九期，發表了一大批鼓吹變法的政論文章，一
紙風行，高峰時每期銷一點七萬份，成為國內最
受歡迎的一份報紙。

梁啟超的《變法通議》，就是《時務報》上的一
顆重磅炸彈，他大聲疾呼：「中國的官制必須改
革！教育制度必須改革！科舉取士制度必須改
革！中國變則存，不變則亡！」字字擲地作金石
聲，有如破山之雷，振聾發瞶。

梁啟超比康有為更注重地域文化的意義，企圖從
地方的小傳統入手，從基層社會入手，從紳權、

161

梁啟超

民權入手，對中國實行由下而上的改造。梁啟超被後世稱為中國第一代的啟蒙大師。

戊戌變法前夕，康有為只是一個區區工部主事，正七品芝麻官，在官場上毫無人脈。他不靠行賄打通關節，靠一支筆打動了光緒皇帝，被任命在總理各國事務衙門行走，擢從四品。他像一道神奇的閃電，從權力金字塔下層，穿越重重疊疊的官僚架構，繞過了許多官員一輩子也完成不了的程序，直達深宮御前，與皇帝討論國是，並策動了為期一〇三天的政治改革運動，堪稱一次來自基層的政變。

一八九六年，光緒皇帝在康有為、梁啟超等維新派的鼓動下，毅然下詔，宣佈變法，並召見康有為，詳陳變法

梁啟超故居

意見。自稱「外國文一字不懂」的康有為，拋出了一系列極具震撼性的政治、經濟、文教改革方案，包括鼓勵開墾荒地，提倡私人辦實業，獎勵新發明、新創造，修築鐵路，開採礦產，改革財政，編制國家預算；廢除八股，開辦學堂，提倡西學，派人出國留學、遊歷；允准創立報館、學會；設立議會，實行君主立憲，允許大小臣民上書言事；軍事方面，嚴查保甲，實行團練，裁減舊軍，督練新軍；等等。

康有為、梁啟超
考舉人的貢院

梁啟超

在光緒的支持下，康、梁等維新派颳起了一場改革風暴。變法詔書把興辦京師大學堂，列為頭等大事，以期人才輩出，共濟時艱。光緒批准了由梁啟超代為起草的《奏擬京師大學堂章程》，這是中國近代高等教育最早的學制綱要。章程規定，大學堂的辦學方針是「中學為體，西學為用，中西並用，觀其會通」。並規定「各省學堂皆歸大學堂管轄」。

梁啟超認為，中國落後的病根，在於思想守舊；而思想守舊的病根，在於科舉。他說：「科舉制度，有一千多年的歷史，真算得深根固蒂，它那最大的毛病，在把全國讀書人的心理都變成虛偽

的、因襲的、籠統的，把學問思想發展的源泉都堵住了。」因此，要救中國，首先必須撲滅科舉制度。

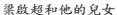

梁啟超和他的兒女

敢為天下先，是廣東人的性格。維新派的主張，已緊扣國家體制的命門。目標是正確的，但方法過於急進，不顧客觀條件的許可，全憑血氣之勇，採用「挾天子以令諸侯」這種最古老、最落後的權謀之術，甚至以宮廷政變來推行新政，是不會有好結果的。在強大的保守勢力圍攻下，僅僅推行了百日，便人頭落地，以流血失敗告終。莫道書生空議論，頭顱擲處血斑斑。譚嗣同、康廣仁、劉光第、林旭、楊銳、楊深秀等維新派「六君子」，被處死於北京菜市口。康有為、梁啟超倉皇逃亡海外。梁啟超所說：「戊戌維新，雖時日極短，現效

極少，而實為二十世紀新中國史開宗明義第一章
也。」廣東人與有榮焉。

康、梁所開啟的變法運動，並沒有停止。一九〇
五年清廷宣佈廢除科舉。在席捲朝野的改革運動
中，走得比康、梁還遠。一大批新型的知識分子
群體出現在歷史舞台上，為其後的立憲運動、保
路運動、辛亥革命，打造了最重要的思想輿論工
具；也為民國成立後一系列的價值重建運動，奠
定了基礎。可以說，沒有這場改革運動，就沒有
一九一五年以後的新文化運動。

廣東人具有大海的性格，宏納眾流，兼容并包，
在悠久的歷史文化中，既秉持一股「天變不足
畏，祖宗不足法，人言不足恤」的英銳之氣，葆
有其天真與率直的活力，又不失敦厚篤實、沉毅
堅忍、謙克忠敬的胸次，始終表現出一種開拓向
上的精神。她的思想與智慧，乃自其長年在窮山
惡水、風口浪尖中的生活經驗，孕育而出充滿頑

梁啟超和家人

強的生命力，時時向前奮鬥，有所推倒，有所開
創，與其他文化相依而並進，兼容并包，取長補
短，日趨寬闊博大，在中華文化這棵大樹上，欣
欣向榮，生長出一片繁枝茂葉。

（葉曙明）

嶺南文庫 A0702A10

嶺南文化十大名片：相約嶺南

主　　編　林　雄
編　　著　翁小築
版權策畫　李　鋒

發 行 人　陳滿銘
總 經 理　梁錦興
總 編 輯　陳滿銘
副總編輯　張晏瑞

出　　版　昌明文化有限公司
桃園市龜山區中原街 32 號
電話 (02)23216565

印　　刷　百通科技股份有限公司
發　　行　萬卷樓圖書股份有限公司
臺北市羅斯福路二段 41 號 6 樓之 3
電話 (02)23216565
傳真 (02)23218698
電郵 SERVICE@WANJUAN.COM.TW
大陸經銷　廈門外圖臺灣書店有限公司
電郵 JKB188@188.COM

ISBN 978-986-496-320-1
2019 年 7 月初版二刷
2018 年 1 月初版一刷
定價：新臺幣 220 元

如何購買本書：

1. 轉帳購書，請透過以下帳戶
　　合作金庫銀行　古亭分行
　　戶名：萬卷樓圖書股份有限公司
　　帳號：0877717092596

2. 網路購書，請透過萬卷樓網站
　　網址　WWW.WANJUAN.COM.TW

大量購書，請直接聯繫我們，將有專人為您
服務。客服：(02)23216565　分機 610

如有缺頁、破損或裝訂錯誤，請寄回更換

國家圖書館出版品預行編目資料

嶺南文化十大名片：相約嶺南 / 林雄主編.--
初版.-- 桃園市：昌明文化出版；臺北市：
萬卷樓發行, 2018.01
　　面；　　公分
ISBN 978-986-496-320-1(平裝)
1.文化史　2.廣東省
673.34　　　　　　　　　　　　107002261

本著作物經廈門墨客知識產權代理有限公司代理，由廣東教育出版社有限公司授權萬
卷樓圖書股份有限公司出版、發行中文繁體字版版權。
本書為金門大學產學合作成果。　　　　　　校對：邱淳榆／華語文學系三年級